Por Qué Somos Protestantes

Una introducción a las Cinco Solas de la Reforma

NATE PICKOWICZ

Derechos de autor Nathan Pickowicz 2017

Todos los derechos reservados. Ninguna parte de este libro puede reproducirse de ninguna forma sin el permiso por escrito del autor.

Primera edición

Las citas de las Escrituras son de la Biblia RVR1960 (Versión Reina Valera 1960). Copyright 2001 de Crossway, un ministerio de publicación de Good News Publishers. Usado con permiso. Todos los derechos reservados.

Diseño de portada: Stephen Melniszyn.

Stephen Melniszyn Designs, Tulsa, Oklahoma.

Traducción: Pedro Ascanio y Alexander Phillips

ISBN: 978-1986101899

CONTENIDO

Introducción: La crisis protestante..................5

Capítulo 1: Luz después de la Oscuridad:

        Orígenes de la Reforma Protestante...........13

Capítulo 2: Sola Scriptura (Solamente la Escritura).........37

Capítulo 3: Sola Gratia (Solo por Gracia)................61

Capítulo 4: Sola Fide (Solo por Fe).........................85

Capítulo 5: Solus Christus (Solamente Cristo)............109

Capítulo 6: Soli Deo Gloria (Solo a Dios la Gloria)....133

Una palabra final...157

Introducción:

La Crisis Protestante

Nos encontramos actualmente en medio de una crisis. Superficialmente, parece ser una crisis *protestante,* pero en verdad, es más una crisis del *cristianismo*. Los principios de la fe cristiana están siendo atacados por las mismas personas que dicen defenderlos. Tristemente, muchas personas que regularmente asisten a iglesias "cristianas" creen que irán al cielo, pero se les está enseñando un mensaje que seguramente no los llevará allí. Mientras Jesús dijo: "Yo soy el camino, la verdad y la vida; nadie viene al Padre, sino por mí" (Juan 14:6), a muchos feligreses se les dice que la vida eterna se logra por otros medios. Por lo tanto, esta es sin duda una crisis del *evangelio*. Y durante quinientos años, ha quedado claro que Protestantes y Católicos tienen dos interpretaciones diferentes de: ¿Qué es el evangelio?, ¿Cómo una persona se reconcilia con Dios? y ¿Cómo llega al cielo?

Sin embargo, recientemente, la iglesia protestante ha estado retrocediendo hacia Roma. En años anteriores, la Iglesia Católica Romana no escondió su insatisfacción en relación a la división entre los dos grupos, pero desde Vaticano II (1962-1965), el mundo ha creído que estaba biendo una Iglesia Católica "más amable, más gentil". En 1994, un número de líderes importantes Protestantes y Católicos firmaron un documento ecuménico llamado Evangélicos y Católicos Unidos (ECT), por sus siglas en inglés. Si bien este esfuerzo encontró mucha resistencia en ambos lados, fue una señal de que los tiempos estaban cambiando. Incluso hoy en día, muchos protestantes se han enlazado con los Católicos Romanos, presentando así al mundo un frente religioso unificado.

Sin embargo, el Protestantismo y el Catolicismo Romano son dos sistemas religiosos que se oponen completamente. Aun cuando usan gran parte del mismo lenguaje teológico, su comprensión de la persona de Dios, la naturaleza del pecado, la obra de Jesucristo, el evangelio, la doctrina de justificación y santificación, la iglesia, el contenido y la autoridad de las Escrituras, y la misión cristiana es completamente diferente. No obtante, hay protestantes que enturbian las aguas al pretender que no existe tal distinción.

¿Por qué está pasando esto?

El problema es multifacético. El espíritu de nuestra era actual es el de la llamada "tolerancia", una aceptación ciega de todas las cosmovisiones y religiones (¡excepto por el cristianismo bíblico!), independientemente de la validez de sus afirmaciones. El liberalismo está surgiendo y el ecumenismo está en aumento. Muchos cristianos parecen creer que, dado que tan-to católicos como protestantes usan mucho del mismo idioma ("Dios", "Jesús", "Iglesia", "Biblia", etc.), los dos grupos están "lo suficientemente cerca" y todos los que proclaman el nombre de Cristo deben dejar de lado sus diferencias y aceptarse unos a otros en la fe. Pero esta actitud es descuidada e intelectualmente deshonesta.

Para complicar aún más el problema, el conocimiento bíblico y teológico es muy bajo.[1] Francamente, muchos protestantes no saben lo que dice la Biblia, ni lo que deberían creer. El misticismo moderno ha llevado a los cristianos profesos a creer que, si algo se *siente* bien, entonces lo es. Por lo tanto, sostienen que el rechazo del dogma católico es incorrecto, simplemente porque *sienten* que rechazarlo es un error.

Más allá de esto, los protestantes crecen cada vez más ignorantes del evangelio. Debido a su falta de conocimiento bíblico, mezclado con credos del mínimo común denominador como, "Simplemente ama a Jesús", etc., son en gran parte ignorantes de lo que realmente significa ser

---

[1] Muchos estudios recientes han demostrado esta verdad.

cristiano, a saber, la creencia en el evangelio salvador de Jesucristo presentado en las Escrituras. Este tipo de cristianismo minimalista está consumiendo el Protestantismo como el cáncer. En resumen, los Protestantes no saben por qué son Protestantes.

Para empeorar las cosas, gran parte del Protestantismo dominante de hoy ha estado cautivo del sensacionalismo y el credo fácil. La popularidad del movimiento de la iglesia buscadora ha creado efectivamente una experiencia superficial de fe para muchos creyentes. Cansados de que se les muestre "lo nuevo", esta generación de cristianos se encuentra sin ataduras a nada que se parezca al cristianismo histórico. El barniz comienza a desprenderse, y los cristianos están buscando retroceder hacia una fe aparentemente más tradicional. Producto del descontento y la fatiga, muchos protestantes privados de sus derechos abandonan la reserva de la mega-iglesia y cruzan el Tíber a los brazos de Madre María.

Estas y otras razones explican por qué se necesita desesperadamente un nuevo examen del núcleo del cristianismo protestante.

¿Por qué sucedió la Reforma?

En el apogeo de la corrupción de Roma, un movimiento tomó forma en el siglo XVI para reformar la Iglesia. Hombres como Martin Lutero, Philip Melanchthon, Ulrich Zwingli, Juan Calvino, John Knox, William

Tyndale y otros, fueron utilizados por Dios para recuperar lo que se había perdido durante mil de años: lo esencial del cristianismo bíblico. Como Moisés, David y Pablo, estos hombres estuvieron lejos de la perfección: Lutero era conocido por su actitud descortés hacia los no creyentes, Zwinglio estaba enamorado del celo nacionalista (¡murió en el campo de batalla, espada en mano!), Y Calvino ha sido declarado culpable por asociación en la muerte de Michael Servetus. Pero a pesar de tener pies de barro, Dios usó a estos hombres para provocar una Reforma mundial y abrir las puertas para que el evangelio se extendiera a todos los rincones de la tierra.

¿Cuál fue el mensaje de la Reforma? En esencia, la pregunta principal que se formulaba y respondía era: *¿Cómo se reconcilia una persona con Dios?* Este fue el tema central. Para Roma, los pecadores se salvan al adherirse fielmente al dogma de la Iglesia Católica. Pero cuando los Reformadores comenzaron a examinar la Biblia, vieron que la salvación vino por Dios mismo a través del evangelio de Jesucristo. Y si bien la totalidad de la doctrina de la Reforma era vasta (véase la obra magna de Juan Calvino, *Institución de la Religión Cristiana*), el espíritu de la Reforma nos llega a través de cinco credos conocidos como "Las Cinco Solas"—*Sola Scriptura, Sola Gratia, Sola Fide, Solus Christus y Soli Deo Gloria.*

El contenido y objetivo de este libro

En la primavera de 2017, tuve el privilegio de enseñar a través de *Las Cinco Solas* en Harvest Bible Church, Gilmanton Iron Works, New Hampshire. Muy rápidamente, me di cuenta de que mi serie de seis semanas podría haber sido fácilmente una serie de sesenta semanas, ¡ya que el material era denso y maravillosamente rico! Ciertamente mi contribución servirá, en el mejor de los casos, como una mera introducción a un campo más amplio de la teología y la literatura de la Reforma.

Pero al abordar el tema de la Reforma Protestante en este libro, examinaremos la pregunta: *¿Cómo se reconcilia una persona con Dios?* Al final, mi esperanza para con este libro es que ayude a redirigir el clavo a la puerta de Wittenberg. Que este libro sirva como recordatorio para aquellos que han olvidado y una defensa para aquellos que no están convencidos. Sobre todo, ¡que Jesucristo sea exaltado y que el Señor Dios sea glorificado!

Soli Deo Gloria!

Nate Pickowicz

"...la justicia de Dios se revela por fe y para fe, como está escrito: Mas el justo por la fe vivirá".

~ Romanos 1:17

1

Luz después de la oscuridad:
Orígenes de la Reforma Protestante

Post tenebras lux! Es una frase latina traducida como "luz después de la oscuridad", adoptada en Ginebra como el lema de la Reforma Protestante. Después de casi mil años de dominación opresiva de la Iglesia, acertadamente conocida como "El oscurantismo", la Reforma sacó a la luz las verdades del Cristianismo bíblico, rescatando el evangelio salvador de la oscuridad. Mientras que el 2017 es reconocido como el aniversario 500 de la publicación de las Noventa y Cinco Tesis de Martín Lutero en Wittenberg, es importante notar que la Reforma no comenzó con Lutero. Hubo temblores que se sintieron en toda Europa en los siglos anteriores.

Primeros Sismos de la Reforma

Los Valdenses

En los últimos días del siglo doce, un hombre llamado Pedro Valdo (1140-1205) lanzó un movimiento espiritual de base, desafiando las creencias y prácticas de la Iglesia Católica Romana. Lo que llegó a conocerse como "El movimiento de los Valdenses" estuvo marcado por varias cosas, principalmente la predicación laica, la vida simple y una adhesión estricta a la Biblia. Es Pedro Valdo quien tiene el mérito de proporcionar la primera traducción de la Biblia Europea a un lenguaje moderno. Después de ser excomulgado en 1184, Pedro Valdo y sus discípulos huyeron a las montañas del norte de Italia donde vivieron el resto de sus días en la clandestinidad.

John Wycliffe

Casi dos siglos después, un profesor de seminario en Oxford llamado John Wycliffe (1320-1384) se opuso a los abusos de los sacerdotes Católicos Romanos. Por amor al cuerpo de Cristo, y al darse cuenta de la gran necesidad de una traducción de la Biblia para la gente común, Wycliffe emprendió la inmensa tarea de traducir la Biblia de la Vulgata Latina al Inglés Medio en 1382. Sin embargo, esto inmediatamente puso un precio a su vida ya que Roma temía perder su autoridad e influencia, los "plebeyos" deberían aprender las Escrituras y rechazar los abusos. A medida que pasaba el tiempo, Wycliffe se convenció aún más de la corrupción de los sacerdotes, el error de la doctrina Católica Romana y la invalidez del papado. Murió como un hombre odiado a los 64 años; el concilio de Constanza lo declaró póstumamente hereje en 1415. Más tarde, en 1428, los restos de Wycliffe fueron exhumados, quemados y esparcidos por el río Swift en Inglaterra.

John Hus

Otro líder Pre-Reforma fue un erudito de Bohemia llamado John Hus. Fuertemente influenciado por los escritos de Wycliffe, Hus continuó con su mensaje, declarando que las enseñanzas de la Iglesia Católica Romana eran contrarias a la enseñanza de las Escrituras. Su popularidad creció en toda Europa, y Roma estaba ansiosa por silenciarlo. Cuando se le preguntó si estaba dispuesto a obedecer las órdenes del Papa, Hus respondió: "Sí, en la medida en que estén de acuerdo con la doctrina de Cristo, pero cuando vea lo contrario, no los obedeceré, aunque quemen mi cuerpo".[2] Al final, fue excomulgado, juzgado, encarcelado y finalmente quemado en la hoguera el 6 de julio de 1415.

Durante años, muchos desafiaron los abusos y las falsas doctrinas de la Iglesia Católica, pero todos fueron silenciados. Sin embargo, habría una voz que no podrían silenciar.

---

[2] S.M. Houghton, *Sketches from Church History* (Edinburgh: Banner of Truth, 1980), 69.

Martín Lutero

Martín Lutero nació en Eisleben, Alemania, el 10 de noviembre de 1483, de Hans y Margaret Luder ("Lutero" es la traducción española). Aunque su familia era campesina, su padre trabajó mucho para darle a Martín la oportunidad de obtener una buena educación. Hans Lutero quería algo mejor para Martín que una vida en las minas de carbón, por lo que lo envió a la escuela para que se convirtiese en abogado. Se graduaría de la Universidad de Erfurt en 1505 con licenciaturas y maestrías en su haber. Estaba listo para conquistar el estudio de la ley, pero sería el Señor quien conquistaría a Martín.

El 2 de julio, solo unos meses después de la graduación, Martín regresaba a casa desde Erfurt cuando fue atrapado en una terrible tormenta eléctrica. Al crecer con una madre que era profundamente devota y supersticiosa, él era propenso a ver cada evento de la vida como algo que tenía un significado espiritual. Para él, la tormenta eléctrica fue nada menos que Dios desatando su juicio sobre su alma. De repente, un rayo atravesó las nubes y lo tiró al suelo. Aterrorizado, Martín le gritó al santo patrón de los mineros: "¡Ayúdame, Santa Ana, y seré monje!". Este sería uno de los muchos puntos de cambio en la vida de Martín Lutero. Su biógrafo, observando la ironía providencial del evento, escribe:

El hombre que invocó a un santo repudiaría más tarde el culto de los santos. El que confesó se convertiría en monje, posteriormente renunció al monasticismo. Un hijo leal de la Iglesia Católica, más tarde rompería la estructura del Catolicismo medieval. Un siervo devoto del papa, más tarde identificaría a los papas con el Anti-cristo.[3]

Dos semanas después, Martin anunció que renunciaría a su doctorado en derecho y cumpliría su promesa de convertirse en monje. Su padre estaba furioso. Lutero recuerda: "Cuando me convertí en monje, mi padre estuvo a punto de perder la cabeza. Estaba furioso y se negó a darme su permiso."[4] Martin lo haría de todos modos.

El Terror de Dios

De los siete monasterios de Erfurt, Lutero eligió uno de los más estrictos: la orden agustiniana. Él esperaba que su devoción a la vida monástica asegurara una vida de paz, ya que constantemente temía al juicio de Dios. Y, ciertamente, ¡Dios no podría estar disgustado con un monje! Martin estaba decidido a mantener los requisitos de la vida monástica al pie de la letra. Recordando sus días en el monasterio, Lutero escribiría posteri-

---

[3] Roland H. Bainton, *Here I Stand: A Life of Martin Luther* (Peabody: Hendrickson, 1950), 1.
[4] Stephen J. Nichols, *Martin Luther: A Guided Tour of His Life and Thought* (Phillipsburg: Presbyterian & Reformed, 2002), 28.

ormente: "Si un monje alguna vez llegó al cielo por una vida monástica, entonces yo debía haberlo logrado."[5] Era obsesivo, implacable y legalista respecto a su régimen. Su servil devoción a oraciones, ayuno, dormir sin mantas, castigarse a sí mismo, etc. casi le costó la vida. Él escribe,

> Me torturé a mí mismo... y me infligí con tan grande dolor como nunca volvería a hacerlo, aunque pudiera... si hubiera permanecido mucho más tiempo así, me hubiese dado muerte con vigilias, oraciones, lecturas y otras labores.[6]

Pero, ¿por qué un comportamiento tan extremo? ¿Por qué el régimen tortuoso? ¿Por qué la devoción al punto de autodestrucción total? Una palabra: pecado.

Lutero no pudo escapar a la realidad de su propia condición. Después de haber sido un estudiante de derecho, su mente estaba entrenada en los detalles más pequeños de la ley; y como monje, no podía escapar de la naturaleza exigente de la santa ley de Dios. Y lo atormentó. "¡Oh, mis pecados! ¡Mis pecados! ¡Mis pecados!", gritaba histérico por ellos y trabajaba incansablemente para confesar todos y cada uno. No era extraño que Lutero pasara varias horas al día en el confesionario, llevando

---

[5] Ibid., 29.
[6] Ibid.

su alma a los compañeros monjes. Cada vez más cansado de Lutero, su mentor, Johann von Staupitz, le respondió: " Dios no está enojado contigo. Tú estás enojado. ¿No sabes que Dios te ordena que tengas esperanza? " continuó, "Mire hermano Martin. Si va a confesar tanto, ¿por qué no confesar algo que valga la pena? ¡Mate a su padre o a su madre! ¡Cometa adulterio! ¡Deje de venir aquí con tantas tonterías y falsos pecados!"[7] Pero Lutero no podía librarse de su culpa y vergüenza por el más mínimo pecado.

El problema solo se agravó con su primera misa. Para el Catolicismo Romano, la misa es la pieza central de la religión. En la misa, los elementos sagrados de pan y el vino se convierten en el cuerpo y la sangre de Jesucristo, y se ofrecen nuevamente como sacrificio por los pecados. La gravedad de este acontecimiento no se puede exagerar. Y Lutero sintió el peso de eso.

Su padre había venido a reunirse con su hijo en su primera misa, junto con veinte invitados y un hermoso regalo para el monasterio. La presión sobre Martin no podría haber sido mayor. Al comienzo de la parte introductoria, se suponía que debía decir: "Les ofrecemos a ustedes, el Dios vivo, verdadero y eterno". Sin embargo, antes de poder pronunciar

---

[7] Timothy George, *Theology of the Reformers* (Nashville: B&H, 2013), 65.

las palabras, se congeló de terror. Su garganta se cerró. Sus labios comenzaron a temblar. Gotas de sudor comenzaron a formarse en su frente. Lutero estaba aterrorizado. Más tarde confesó:

> Ante estas palabras quedé completamente estupefacto y aterrorizado. Pensé para mí mismo: "¿Con qué lengua me dirigiré a tal Majestad, viendo que todos los hombres deberían temblar, incluso ante la presencia de un príncipe terrenal? ¿Quién soy yo, que deba levantar mis ojos o levantar mis manos a la divina Majestad? Los ángeles lo rodean. Ante su presencia, la tierra tiembla. ¿Y debo yo, un miserable y pequeño pigmeo, decir: "Quiero esto, demando aquello"? Porque soy polvo y cenizas y estoy lleno de pecado, y estoy hablando al Dios vivo, eterno y verdadero".[8]

Luchó para terminar la misa. Su padre huyó de inmediato del monasterio, furioso y lleno de vergüenza. Pero ese sería el menor de los problemas de Martin.

En un intento por aliviar a Martin de su espiral descendente, su mentor Staupitz le sugirió que un viaje a la Ciudad Eterna le haría bien a su alma. Y entonces, en 1510, Lutero hizo una peregrinación a Roma.

---

[8] Bainton, *Here I Stand*, 21.

Llegó lleno de esperanza, pero sus esperanzas se desvanecieron, ya que la ciudad santa resultó ser una ciudad infernal. Para su disgusto y desilusión, Lutero observó lo peor del clero Romano. Los sacerdotes eran arrogantes, impertinentes, licenciosos e irreverentes; muchos de los cuales practicaban conductas tan perversas que solo encajaba con los paganos. Horrorizado, Lutero escribió: "Nadie puede imaginarse la perversión, la horrible pecaminosidad y la corrupción desenfrenada en Roma."[9] Sin embargo, visitó todos los lugares sagrados, incluso subió de rodillas las escaleras de Poncio Pilato, recitando el Padrenuestro ("Nuestro Padre") en cada paso. A los fieles se les dijo que si hacían esto, cuando llegaran al primer escalón, el alma de un ser querido saldría del purgatorio. Pero cuando Lutero llegó a la cima, solo pudo decir: "¿Quién sabe si esto es cierto?"

A su regreso a casa, Lutero no se sintió más animado que antes de irse; de hecho, se había hundido aún más profundamente en su depresión. Las mismas cosas que se suponía debían traer esperanza y paz al creyente Católico lo estaban llevando más lejos en las profundidades de la desesperación. Frustrado, Staupitz le preguntó a Lutero por qué no podía comprender el amor de Dios. "¿Amor de Dios?", Él respondió:

---

[9] Nichols, *Martin Luther*, 30.

"No puedo amar a Dios, lo odio". Inseguro de qué más hacer, Staupitz anunció que enviarían a Lutero a la Universidad de Wittenberg para que se convirtiera en maestro, lo que ayudaría a su mente a despojarse de sus dolencias espirituales. Y así, en 1511, Martin Lutero viajó a Wittenberg, Alemania, donde pasaría el resto de su vida.

El descubrimiento de la doctrina de la justificación

A su llegada al monasterio Agustino en Wittenberg, Lutero comenzó a trabajar en su doctorado en teología, que ganó en 1512. Poco después de ser nombrado miembro de la facultad de la Universidad, comenzó a enseñar la Biblia, primero los Salmos (1513-1515), luego Romanos (1515-1516), Gálatas (1516-1517) y Hebreos (1517). Estos estudios constituirían un cambio de paradigma en el pensamiento de Lutero, y a través de sus estudios, llegó al conocimiento de la fe salvadora en Jesucristo.

Si bien es difícil precisar su fecha de conversión, podemos vislumbrar un poco del proceso de pensamiento de Lutero, mientras llegaba a comprender el Evangelio. Anteriormente, Lutero solo había entendido a un Dios enojado y vengativo; una aterradora imagen de Cristo empuñando la espada del juicio divino. Esta visión del Señor lo atormentó. Pero mientras enseñaba el Salmo 22, Lutero encontró otro lado de Cristo: el de un siervo sufriente, abandonado por su Padre, gritando: "Dios mío, Dios mío, ¿por qué me has abandonado?" Esta imagen solo se intensificó cuando Lutero contempló a Cristo en el Jardín de Getsemaní, sudando gotas de sangre y angustiado. Y luego ver al Salvador, clavado en la cruz, sufriendo el castigo de Dios. Su entendimiento comenzó a cambiar. Lutero estaba viendo a un Cristo que llevaba el pecado y el juicio sobre sí mismo, *muriendo por él*. "Al contemplar la cruz Lutero estaba convencido que Dios no es ni malicioso ni caprichoso", Roland Bainton escribe: "pero todavía queda el problema de la justicia de Dios."[10]

Cuando llegó al texto de la carta de Pablo a los Romanos, se vio paralizado por la frase: "la justicia de Dios" (Romanos 1:17). De hecho, Lutero se obsesionó con eso. Anhelaba entender. El escribe:

> Mi situación era que, aunque era un monje impecable, me presenté ante Dios como un pecador turbado en mi conciencia, y no tenía confianza en que mi mérito le satisficiera. Por lo tanto, no amaba a un Dios justo y airado, sino que le odiaba y murmuraba contra él. Sin embargo, me aferré al querido Pablo y tuve un gran anhelo de saber a qué se refería.[11]

---

[10] Bainton, *Here I Stand*, 46.
[11] Ibid., 48.

Lutero luchó noche y día, angustiado por el texto, hasta que vio la conexión entre "la justicia de Dios" en Romanos 1:17 y la cita de Pablo en Habacuc 2:4 unas pocas palabras después: "el justo vivirá por fe". "Las anteojeras comenzaron a desprenderse. El peso había sido quitado. Lutero recuenta:

> Finalmente, por la misericordia de Dios, *meditando día y noche*, presté atención al contexto de las palabras, a saber: "En ella se revela la justicia de Dios, como está escrito, 'El justo por la fe, vivirá.'" Allí *comencé a entender* que la justicia de Dios es aquella por la cual el justo vive por un don de Dios, es decir, por la fe. Y este es el significado: la justicia de Dios es revelada por el evangelio, es decir, la justicia pasiva con la cual el Dios misericordioso nos justifica por la fe, como está escrito: "El justo por la fe, vivirá". Aquí sentí que había nacido de nuevo y había entrado en el paraíso a través de puertas abiertas. Aquí se me mostró una cara totalmente diferente de toda la Escritura.[12]

En un punto de su vida, Lutero había dicho: "Si pudiera creer que Dios no estaba enojado conmigo, me pondría de cabeza de la alegría"[13]. Ese día

---

[12] John Piper, *The Legacy of Sovereign Joy: God's Triumphant Grace in the Lives of Augustine, Luther, and Calvin* (Wheaton: Crossway, 2000), 91-92.
[13] Ibid., 84.

finalmente llegó. Mientras que Lutero, junto con toda la cristiandad, había creído que una persona tenía que volverse justa por pura fuerza de voluntad; en verdad, la justicia es *otorgada como un regalo* de Dios a aquellos que tienen fe en Jesucristo.

En el momento en que Lutero estaba explorando las riquezas de su nuevo descubrimiento—la doctrina de la *Justificación* por fe—se dio cuenta de una gran perversión de la gracia de Dios, una que necesitaba ser combatida rápida y vigorosamente: la venta de indulgencias.

La venta de indulgencias y las noventa y cinco tesis de Lutero

En la Edad Media, la Iglesia Católica Romana desarrolló la doctrina del purgatorio, un estado intermedio entre el cielo y el infierno; un lugar donde el pecador podría continuar pagando por sus pecados y ser purificado por el fuego, con la esperanza de salir algún día y ascender al cielo. Pero mientras que estaba en la tierra, había cuatro sacramentos que lograban el perdón de los pecados y la eliminación de la culpa: *el bautismo, la Eucaristía, la penitencia y la extremaunción* (ungir a los enfermos). Se decía que la fiel observancia de estos disminuía el tiempo de las personas en el purgatorio. En los días de Lutero, la práctica central en el Catolicismo era la penitencia.

El sacramento de la *penitencia* fue un acto de absolución (perdón) del pecado, e implicaba tres pasos: arrepentimiento (pena por el pecado), confesión a un sacerdote y satisfacción (algo que el pecador tenía que hacer). Una vez que estos pasos fueron hechos para la satisfacción del sacerdote, él otorgaría la absolución: el perdón del pecado, la liberación del castigo y la restauración a una buena reputación con Dios.

La base para conceder el perdón fue la creencia de que Cristo realizó más obras buenas de las que requería la ley de Dios. Estas obras adicionales eran depositadas en un tesoro celestial que podría distribuirse a la gente a discreción del Papa. Además, ciertos cristianos nobles "Santos" que lograron buenas obras en la tierra tendrían sus méritos añadidos al tesoro. Había varias maneras de acceder a este tesoro divino, incluidos diversos sacramentos, así como la visualización de reliquias religiosas en días santos. Otra manera era mediante la compra de una indulgencia.

Una *indulgencia* era un documento oficial otorgado por el Papa que sustituiría la práctica rigurosa de la penitencia por un simple pago de dinero. En esencia, los pecadores ahora podían comprar el perdón. Además de otorgar al pecador penitente acceso a los méritos del tesoro divino, la venta de indulgencias también proporcionó un ingreso sustancial para la Iglesia Católica Romana. En un esfuerzo por recaudar dinero para la reparación y remodelación de la catedral de San Pedro en Roma, el Papa León X autorizó la venta de una indulgencia especial a manos de un monje dominico llamado John Tetzel, un vendedor de alta presión, conocido por sus métodos inescrupulosos al vender su producto espiritual. Tetzel se jactó de que su súper indulgencia prometía acelerar el proceso de penitencia, garantizando "el perdón completo de todos los pecados" para aquellos que harían la compra una vez.

Además, la compra de estas indulgencias también podría utilizarse para conmutar la sentencia de un ser querido que sufría en el purgatorio, transfiriéndolos inmediatamente al cielo. Tetzel incluso tenía un eslogan: "Tan pronto como suena la moneda en el cofre, es librada el alma del purgatorio". Naturalmente, tal garantía era música para los oídos de los campesinos culpables y pobres de Alemania. De hecho, en algunos lugares, la demanda era tan alta que se acuñaban nuevas monedas en el sitio para utilizarlas en las arcas. Aunque Tetzel nunca llegó a Wittenberg, los ciudadanos viajaron a las ciudades de los alrededores para comprar indulgencias.

Cuando Lutero se enteró de lo que estaba sucediendo, estaba furioso. Para él, las travesuras de Tetzel fueron la gota que derramó el vaso. Fue abuso espiritual del peor tipo, y Lutero ya había tenido suficiente.

Puesto en marcha, Lutero escribió una serie de noventa y cinco proposiciones: acusaciones contra los errores y abusos de la Iglesia Católica. Con Romanos 1:17 todavía fresco en su mente, Lutero desarrolló su ataque en torno a la venta de indulgencias, y se expandió desde allí.

En lo que se conocería como sus "Noventa y Cinco Tesis", Lutero afirmaría:

2. La palabra *arrepentimiento* no puede entenderse como el sacramento de la penitencia, o el acto de confesión y satisfacción administrado por los sacerdotes.

3. Sin embargo, significa arrepentimiento interno solamente, ya que no hay arrepentimiento interno que no se manifieste externamente a través de varias mortificaciones de la carne.

6. El Papa no puede remitir ninguna culpa, excepto al declarar que ha sido remitida por Dios al asentir a la obra de remisión de Dios.

21. Por lo tanto, los predicadores de indulgencias están equivocados, aquellos que dicen que, por las indulgencias del Papa, un hombre es liberado de cada pena y salvado.

28. Es cierto que cuando la moneda tintinea en la caja de dinero, la codicia y la avaricia pueden aumentar, pero el resultado de la intercesión de la iglesia está solo en poder de Dios.

36. Todo cristiano verdaderamente arrepentido tiene derecho a la remisión completa de la pena y la culpa, incluso sin cartas de perdón.

62. El verdadero tesoro de la iglesia es el más santo evangelio de la gloria y la gracia de Dios.

92. ¡Fuera, entonces, con todos esos profetas que dicen al pueblo de Cristo: "¡Paz, paz", y no hay paz!

94. Los cristianos deben ser exhortados a ser diligentes en seguir a Cristo, su Cabeza, a través de castigos, la muerte y el infierno;

95. Y así estar seguro de entrar al cielo a través de muchas tribulaciones, en lugar de a través de la falsa seguridad de la paz.[14]

---

[14] Todos los extractos citados aquí son de Stephen J. Nichols, ed. *Martin Luther's Ninety-Five Theses*. Phillipsburg: Presbyterian & Reformed, 2002.

Y con eso, el 31 de octubre de 1517, Martín Lutero clavó sus Noventa y Cinco Tesis en la puerta del castillo de Wittenberg, desafiando al Papa y a la Iglesia Católica Romana para que respondieran a los cargos presentados.

Inicialmente, hubo poca respuesta, pero pronto, las palabras de la audaz declaración de Lutero viajaron por toda Alemania y se dirigieron a Roma. Stephen Nichols señala: "En este punto, e incluso durante los próximos dos años, Lutero deseaba reformar la iglesia desde adentro, ya que no tenía intención de romperla por completo. A medida que se desarrollaba la comprensión teológica de Lutero, pronto se dio cuenta de la imposibilidad de ese enfoque".[15]

La Dieta de Worms

Al principio, el Papa desechó las escrituras de Lutero como las reflexiones de un alemán borracho. Pero a medida que los escritos de producción masiva de Lutero comenzaron a circular por toda Europa, la amenaza se volvió más inmanente. Los primeros debates entre Lutero y los delegados de Roma fueron un tanto cordiales, pero el tono cambiaría pronto. Lutero debatirá con los líderes de la Iglesia en Heidelberg, Augsburgo y Leipzig,

---

[15] Nichols, *Martin Luther*, 36.

antes de recibir una bula papal en 1520, un documento oficial firmado por el Papa que declara a Lutero como un enemigo de la Iglesia. En el pronunciamiento, se le ordenó que cesara y desistiera de sus enseñanzas y se retractara dentro de sesenta días. En respuesta, Lutero quemó públicamente la bula papal.

En 1521, Lutero fue convocado en la ciudad de Worms, para ser juzgado por herejía. El primer día, esperando una oportunidad para debatir, Lutero se vio amenazado solo con dos preguntas breves. Con sus escritos extendidos sobre una mesa frente a él, le preguntaron si le pertenecían. En una voz apenas audible, él respondió: "Los libros son todos míos", pero agregó, "y he escrito más". Toda esperanza de iniciarse en el debate se desvaneció cuando el funcionario formuló la segunda pregunta: "¿Los defiendes en su plenitud?, o ¿te gustaría rechazar una parte?" Inseguro de cómo responder, ya que gran parte de lo que había escrito todavía estaba dentro de los límites de la ortodoxia católica. Temblando ante la corte, pronunció, "Le ruego tiempo para pensarlo". Después de una breve deliberación, a Lutero se le dio una noche para considerarlo.

Al día siguiente, Lutero regresó más compuesto que el día anterior. Como antes, se le pregunto: "¿Te retractas?" Una vez más, Lutero intentó discutir sus puntos de vista, pero fue silenciado rápidamente. El funcionario lo presionó: "Te pregunto, Martin, responde con sinceridad y sin cuernos, ¿repudias o no tus libros y los errores que contienen?" Al darse cuenta de la importancia del momento, y al ver que no se le permitiría la oportunidad de explicarse a sí mismo, pronunció estas ahora famosas palabras:

> Ya que su serena majestad y sus señorías buscan una respuesta simple, la daré de esta manera, sin embellecerla: a menos que esté convencido por el testimonio de las Escrituras o por una razón clara, ya que no confío ni en el Papa ni en los concilios, ya que es bien sabido que a menudo se han equivocado y se han contradicho a sí mismos, estoy sujeto a las Escrituras que he citado y mi conciencia es cautiva de la Palabra de Dios. No puedo y no me retractaré de nada, ya que no es ni seguro ni correcto ir en contra de la conciencia. No puedo hacer otra cosa, aquí estoy. Que Dios me ayude, Amén.

Y con eso, Lutero "alzó los brazos en el gesto de un caballero victorioso"[16], y salió de la sala y se escondió. Los oficiales luego declararon a

---

[16] Bainton, *Here I Stand*, 181.

Lutero un hereje y un proscrito, y le otorgaron una recompensa, una que le quedaría por el resto de su vida.

El nacimiento del protestantismo

La posición de Lutero en la Dieta de Worms no fue el final sino el comienzo. Durante los siguientes veinticinco años, escribiría, predicaría, pastorearía una iglesia y levantaría una familia. Pero los acontecimientos de 1517-1521 marcaron el primer quiebre verdadero con Roma, y la Reforma Protestante nació. La Reforma no se quedaría solo en Alemania. Pronto se extendería a Suiza a través del trabajo de Ulrico Zuinglio, a Francia a través de Juan Calvino y Theodoro Beza, a Inglaterra a través de William Tyndale y Thomas Cranmer, y a Escocia a través de John Knox.

Los Cinco Solas

Si bien la Reforma Protestante tenía muchos aspectos—morales, intelectuales, culturales—era principalmente una Reforma teológica. Carl Trueman observa,

> El ataque de [Lutero] a las indulgencias en 1517 fue en gran parte un ataque a una práctica pastoral abusiva impulsada por la codicia de la iglesia; pero también estaba arraigado en su cambiante teología, que consideraba que la venta de indulgencias rebajaba la gracia de Dios, trivializaba el pecado y

desviaba a los laicos. No atacó la práctica simplemente porque era abusiva en sus resultados prácticos, sino porque descansaba en una falsa visión de Dios y del estado de la humanidad ante Dios.[17]

En el centro de la Reforma encontramos la pregunta fundamental: *¿Cómo una persona puede reconciliarse con Dios?* Responder esta pregunta es llegar al corazón de la necesidad por Cristo. Al abordarla, los Reformadores se propusieron redescubrir y establecer los límites del cristianismo esencial a través de cinco declaraciones: *Sola Scriptura* (Solo la Escritura), *Sola Gratia* (Solo por Gracia), *Sola Fide* (Solo por Fe), *Solus Christus* (Solo Cristo), y *Soli Deo Gloria* (Solo a Dios la Gloria). Con estos cinco pilares, los errores del Catolicismo Romano serían refutados y se establecería el protestantismo. En los siguientes capítulos, exploraremos cada una de las cinco solas. Y, por la gracia de Dios, llegaremos a comprender no solo la Reforma, sino también la fe cristiana.

---

[17] Carl R. Trueman, *Reformation: Yesterday, Today and Tomorrow* (Fearn, Scotland: Christian Focus, 2000), 20.

"Toda la Escritura es inspirada por Dios, y útil para enseñar, para redargüir, para corregir, para instruir en justicia, a fin de que el hombre de Dios sea perfecto, enteramente preparado para toda buena obra".

~2 Timoteo 3:16-17, RVR1960

2

Sola Scriptura

(Solamente la Escritura)

Un año después de publicar sus Noventa y Cinco Tesis, Martín Lutero fue convocado para comparecer ante el Cardenal Cajetan para ser examinado por sus acusaciones contra la teología y práctica de la Iglesia Católica Ro-mana. Cuando el cardenal lo presionó sobre el tema de la autoridad de la iglesia, Lutero respondió: "La verdad de las Escrituras es lo primero. Después que eso sea aceptado, uno puede determinar si las palabras de los hombres pueden ser recibidas como verdaderas."[18] Ahora, Lutero no desacreditaba por completo las palabras de los hombres, sino que afirmaba que, muy por encima de cualquier cosa o persona, la Escritura Sagrada era lo primero y estaba antes de todo. Esto condujo al desarrollo de *sola Scriptura*: —"Solamente la Escritura".

Ahora, antes de que podamos proceder a responder nuestra pregunta inicial de *¿cómo una persona puede reconciliarse con Dios?*, primero

---

[18] Mark D. Thompson, "Sola Scriptura," in *Reformation Theology: A Systematic Summary*, ed. Matthew Barrett (Wheaton: Crossway, 2017), 153.

necesitamos establecer una base. Se ha dicho que "la justificación solo por fe era el *principio material* de la Reforma", es decir, estaba "en el corazón del *contenido* de esta". Sin embargo, "Recuperar la Escritura fue su *principio formal*"—en otras palabras, *sola Scriptura* "estaba en el corazón de su método."[19] Si bien una correcta comprensión de la doctrina de la justificación responde a la pregunta clave: —*¿Cómo una persona se reconcilia con Dios?* —Como veremos, la recuperación de la doctrina de las Escrituras fue la fuerza impulsora que llevó adelante la Reforma.

La Batalla de William Tyndale por la Biblia

A mediados de la década de 1520, la Reforma ardía en llamas, mientras los escritos de Lutero encontraban su camino alcanzando todos los rincones de Europa. Sin embargo, fue la publicación del Nuevo Testamento Griego de Desiderio Erasmo en 1516 lo que creo las condiciones perfectas para el fuego. Durante mil años antes de Erasmo, la iglesia solo tenía la Vulgata latina como su Biblia. Pero ahora, los cristianos podían leer las Escrituras del Nuevo Testamento en griego, el idioma original en el que fueron escritas. Este trabajo se convirtió en la base de la traducción

---

[19] Michael Reeves & Tim Chester, *Why the Reformation Still Matters* (Wheaton: Crossway, 2016), 42.

de la Biblia alemana de Lutero, pero también inspiró a otro joven erudito a intentar una nueva traducción para los creyentes en el idioma inglés.

William Tyndale nació en un pequeño pueblo rural en Gloucestershire, Inglaterra, alrededor de 1494. William, un hombre joven de gran promesa, se inscribió en el Magdalen Hall, seguido de Oxford y Cambridge. Mientras estaba en la escuela, mostró una considerable aptitud para los idiomas. De hecho, al final de su vida, Tyndale era competente en ocho idiomas: hebreo, griego, latín, italiano, español, inglés, alemán y francés.[20] Al graduarse, William se interesó por la teología, pero lamentó el hecho de que los cristianos estuvieran privados de la lectura y la comprensión de la Biblia.

Fue durante su tiempo en Oxford y Cambridge que se sintió atraído por las enseñanzas de Lutero y los Reformadores. Con el fuego de la Reforma avanzando, Tyndale se apasionó por el protestantismo en suelo inglés. Dado que muchas personas—laicos y clérigos por igual—no podían leer o entender el latín, se dio cuenta que Inglaterra no podía ser evangelizada usando la Vulgata. Por lo tanto, concluyó, "era imposible afianzar a los laicos en ninguna verdad, antes que las Escrituras fueran

---

[20] Steven Lawson, *The Daring Mission of William Tyndale* (Orlando: Reformation Trust, 2015), xx.

puestas ante sus ojos en su lengua materna."[21] A partir de ese momento, Tyndale resolvió proporcionar una nueva traducción de la Biblia de los idiomas originales (Hebreo y griego) al inglés, una hazaña nunca antes lograda.

Al principio, Tyndale propuso su nueva idea a los magistrados de Londres, pero le rechazaron, temiendo el avance de la controvertida Reforma de Lutero en Inglaterra. Tyndale se sorprendió por la ignorancia de los sacerdotes locales. Durante una acalorada discusión con uno de tales sacerdotes, Tyndale exclamó: "¡Desafío al Papa y todas sus leyes!" Y agregó: "si Dios me perdona la vida, de aquí a muchos años haré que un niño que maneja el arado conozca más las Escrituras que él."[22]

A medida que crecía la oposición, Tyndale huyó a Alemania y Bélgica, donde emprendería el trabajo de traducción. Mientras que en Alemania, Tyndale probablemente se sentó bajo la tutela de Martin Lutero, fortaleciendo aún más su determinación. En 1525, apareció la primera edición del Nuevo Testamento en inglés de Tyndale. De hecho, algunos creen que hasta tres mil copias del Nuevo Testamento de Tyndale se imprimieron en secreto en la ciudad de Worms (el campo de batalla de

---

[21] Ibid., 8.
[22] *Fox's Book of Martyrs: A History of the Lives, Sufferings and Triumphant Deaths of the Early Christian and the Protestant Martyrs*, ed. William Byron Forbush (Philadelphia: John C. Winston, 1926), 178.

Lutero) y luego los contrabandearon a Inglaterra.[23] Siete ediciones de su trabajo serían publicadas, aunque solo partes del Antiguo Testamento serían terminadas por el mismo Tyndale. Sin embargo, sus enemigos finalmente lo atraparon. Fue arrestado y quemado en la hoguera en octubre de 1536. Sus últimas palabras fueron una súplica a Dios: "¡Oh Señor! ¡Abre los ojos del rey de Inglaterra!"

¿Qué fue lo que llevó a hombres como William Tyndale a arriesgar su vida para traducir la Biblia? ¿Por qué Martín Lutero desafió la Dieta de Worms y declaró que su "conciencia estaba cautiva por la Palabra de Dios"?

La respuesta: *Sola Scriptura*.

Pero para examinar este principio en el contexto de la Reforma, primero debemos explorar la doctrina de la Escritura misma. Para el resto de este capítulo, examinaremos cuatro afirmaciones fundamentales respecto a la Palabra de Dios: *su inspiración, inerrancia, autoridad y suficiencia.*

---

[23] Alister McGrath, *Christianity's Dangerous Idea: The Protestant Revolution—A History from the Sixteenth Century to the Twenty-First* (New York: HarperOne, 2007), 215.

El problema de la inspiración

El pasaje más dinámico y explícito en toda la Escritura acerca de la naturaleza de la inspiración divina de la misma Biblia está en 2 Timoteo 3:16-17. El apóstol Pablo escribe:

> "Toda la Escritura es inspirada por Dios, y útil para enseñar, para redargüir, para corregir, para instruir en justicia, a fin de que el hombre de Dios sea perfecto, enteramente preparado para toda buena obra."

En griego, la palabra *theopneustos* se usa para describir cómo llegó a ser la Escritura; fue literalmente "exhalada por Dios". Era como si el Señor respirara profundamente, y luego exhalara las Sagradas Escrituras. Además, el medio por el cual Dios trajo la Escritura fue a través de las plumas de los escritores humanos: "hombres que hablaron de parte de Dios, mientras fueron guiados por el Espíritu Santo" (2 Pedro 1:21). Tanto la Iglesia Católica Romana como los Reformadores Protestantes no estaban en desacuerdo respecto la inspiración divina. Lo que fue y *sigue* en disputa, sin embargo, es el *contenido* de la revelación.

El uso de Pablo de la palabra "toda" en 2 Timoteo 3:16 nos lleva a preguntarnos: *¿Qué libros de la Biblia están contenidos en el "todo" de las Escrituras?* Esta es la pregunta del canon. La palabra "*canon*" proviene de la palabra griega *kanōn*, que significa "vara de medir", que llegó a usarse para hablar de una "regla" o "estándar."[24] Y en el sentido más general, el canon es "*el conjunto de libros autoritativos que Dios le dio a su iglesia corporativa.*"[25] Históricamente, el canon aceptado consistía en 66 libros: 39 libros del Antiguo Testamento (de Génesis a Malaquías) y 27 libros del Nuevo Testamento (de Mateo a Apocalipsis).

Sin embargo, durante la Reforma, la Iglesia Católica Romana afirmó que había libros adicionales inspirados por Dios que pertenecían al canon. Lo que llegó a conocerse como los *Apócrifos* consistían de los libros de Tobías, Judit, las Adiciones a Ester, las Adiciones a Daniel, la Sabiduría de Salomón, Eclesiástico (también llamado Sirach), Baruc, la Carta de Jeremías, y 1 y 2 Macabeos. En respuesta a las afirmaciones de los Reformadores quienes sostenían que muchas de las prácticas de la Iglesia Católica no eran bíblicas, el Concilio de Trento (1545-1563) canonizó los libros apócrifos, considerando que era la Palabra de Dios inspirada y autorizada. Este fue sin duda un intento de legitimar cosas como oraciones por los muertos (2 Mac. 12:40-46), expiación por obras (Sir 3:30), y la Inmaculada Concepción de María (Sab 8, 19-20). Pero después

---

[24] F.F. Bruce, *The Canon of Scripture* (Downers Grove: InterVarsity Press, 1988), 17.
[25] Michael J. Kruger, *The Question of Canon: Challenging the Status Quo in the New Testament Debate* (Downers Grove: InterVarsity Press, 2013), 40.

de 1,500 años de estar ausente del canon, ¿los libros apócrifos de repente merecían ser incluidos? Ciertamente no.

Contrario a las enseñanzas de la Iglesia Católica Romana, el canon de la Escritura no fue decidido por papas y concilios. Más bien, fue "determinado por Dios y descubierto por el hombre."[26] Ya en el 68 d. De C., el apóstol Pedro señala que los escritos de Pablo se encuentran junto al "resto de las Escrituras" (2 Pedro 3:16), lo que indica el reconocimiento de un canon aceptado (ver también 1 Tim 5:18). Y aunque a la iglesia le tomó un tiempo mantenerse unidos en lo que reconocieron como Escritura, el Concilio de Laodicea (363 D.C.),[27] Atanasio de Alejandría (367 d. D.C.) y el III Concilio de Cartago (397 D.C.) reconocen los 66 libros del canon, como lo hacemos hoy.

Los libros apócrifos, por otro lado, no se citan ni se mencionan ni en el Antiguo ni en el Nuevo Testamento. Jesús y los Apóstoles nunca hicieron referencia a estos. Muchos de los padres de la iglesia, así como los judíos palestinos, los rechazaron. Además, los apócrifos contienen errores históricos. Sobre todo, sin embargo, ¡hay doctrinas y prácticas que contradicen directamente la enseñanza del resto de las Escrituras! En

---

[26] Mike Gendron, *Preparing for Eternity: Do we trust God's Word or religious traditions?* (Plano: PTG, 2011), 14.
[27] Con la excepción del apocalipsis.

resumen, los libros apócrifos no se pueden enumerar como pertenecientes al canon porque no están inspirados por Dios.

Pero los 66 libros de la Biblia están inspirados por Dios: "exhalados"; ellos son la mismísima palabra de Dios.

El problema de la Inerrancia

El apóstol Pablo escribió: "Sea Dios veraz, y todo hombre mentiroso" (Romanos 3:4). Dios es un Dios de verdad (Isaías 65:16; Jer. 10:10; Juan 17:3; 1 Juan 5:20), y no puede mentir (Números 23:19; Tito 1:2; Hebreos 6:18). Dado que Dios es verdadero, Su Palabra revelada para nosotros es verdadera, ya que refleja la veracidad de Su carácter divino. En su oración sacerdotal, el Señor Jesús suplicó al Padre, diciendo: "Santifícalos en tu verdad; Tu palabra es verdad" (Juan 17:17).

La *inerrancia* de las Escrituras significa que las Escrituras son verdaderas en todo lo que ellas afirman, y no tienen error. Y mientras se ha señalado que ha habido errores humanos en el proceso de transmisión de la Biblia, afirmamos que no existen tales errores en los manuscritos originales, aquellos escritos por aquellos que fueron "inspirados por el Espíritu Santo". De hecho, si se descubriera que las Escrituras erran incluso en el más mínimo detalle, tendríamos que cuestionar el carácter del Autor: ¿Dios inspiraría el error? Seguramente, el Espíritu Santo no "inspiró a los hombres" al error, ya que eso sería el colmo del engaño; no la marca de la veracidad del Señor. John Frame señala que la inerrancia es "la cualidad de estar sin error, bien sea causado por ignorancia o engaño". Dado que Dios no puede engañar o ser ignorante, Dios no erra en lo que piensa y en lo que dice. Dado que las Escrituras son su Palabra, las Escrituras también son inerrantes."[28]

Pero, pasemos al tema principal, el tema de la autoridad.

El problema de la autoridad

El corazón de la batalla sobre la *Sola Scriptura* es una batalla sobre el tema de la autoridad. *¿Quién tiene el derecho de decirle a la gente qué creer y qué hacer?* Si la Biblia es inspirada por Dios y, por tanto, inerrante, también tiene autoridad. En otras palabras, los mandamientos revelados de Dios en las Escrituras son vinculantes para el creyente. Cuando las Escrituras hablan, Dios habla.

Sin embargo, durante el período medieval, la Iglesia Católica elevó la "Tradición" a un lugar de igual autoridad con las Escrituras. Terry Johnson escribe,

---

[28] John M. Frame, "Foundations of Biblical Inerrancy: Definition and Prolegomena," in *The Inerrant Word: Biblical, Historical, Theological, and Pastoral Perspectives*, ed. John MacArthur (Wheaton: Crossway, 2016), 186.

La "tradición" incluía una serie de prácticas y creencias extrabíblicas que se habían recibido en la iglesia durante siglos, ya sea por aceptación común o por las decisiones de los Papas y los concilios. La 'Sagrada Escritura' y la 'Sagrada Tradición' fueron aceptadas como fuentes autoritativas de la verdad divina. Sobre ambas se sostuvo el magisterio de la iglesia, su oficina de enseñanza infalible, a la cual le pertenece la autoridad final en cuanto a la interpretación tanto de la tradición como de las Escrituras.[29]

Incluso hoy, el *Catecismo de la Iglesia Católica*[30] observa, "la Iglesia, a quien se le ha confiado la transmisión e interpretación de la Revelación", no deriva su certeza acerca de todas las verdades reveladas de las Sagradas Escrituras solamente. Tanto la Escritura como la Tradición deben ser aceptadas y honradas con los mismos sentimientos de devoción y reverencia" (§82). Esto no solo es una negación del principio de *sola Scriptura*, es un rechazo de la autoridad inherente de la Palabra de Dios. Además, se afirma que "la tarea de interpretar la Palabra de Dios auténticamente se ha confiado únicamente al Magisterio de la Iglesia, es decir, al Papa y a

---

[29] Terry L. Johnson, *The Case for Traditional Protestantism: The Solas of the Reformation* (Edinburgh: Banner of Truth Trust, 2004), 20-21.
[30] *Catechism of the Catholic Church*. New York: Doubleday, 1995.

los obispos en comunión con él" (§100). Por lo tanto, de acuerdo con los documentos esenciales de la Iglesia Católica Romana, la élite de jerarquía espiritual en Roma tiene la única facultad de crear, instituir y ordenar todas las creencias y prácticas religiosas para cada cristiano en el mundo.

En 1870, en el Primer Concilio Vaticano, se decretó que cuando el Papa habla ex cátedra ("desde su silla"), él está hablando en nombre de Dios, y por lo tanto, sus palabras son infalibles. Y así, hoy, no solo se considera que el Magisterio de la Iglesia Católica es autoritativo en todos los asuntos de fe y práctica, sino que el mismo Papa ejerce el poder y la autoridad de Dios cuando habla ex cátedra.

Pero, ¿qué han hecho con esta autoridad autoimpuesta?

Cambiaron la Doctrina y la Práctica Existentes

De los innumerables cambios realizados a través de los siglos, el Magisterio ha considerado oportuno reinterpretar la doctrina de la justificación[31] y la definición de "gracia", aumentar el número de sacramentos de dos (Cena del Señor, Mateo 26:26-29; 1 Cor. 11:23-29, y el bautismo, Mateo 28:19, Hechos 2:38) a siete, e incluso alterar la naturaleza y el significado de la Cena del Señor. De hecho, en casi todos los puntos de

---

[31] Council of Trent, Sixth Session, Canon 9. De ahora en adelante, las referencias estarán de acuerdo con los números de sección, en lugar de los números de página.

doctrina y práctica, el Magisterio de la Iglesia Católica Romana ha hecho alteraciones sustanciales alejadas de la ortodoxia tradicional.

Agregaron Nuevas Doctrinas

Además de cambiar la doctrina y la práctica, el Magisterio ha agregado numerosas doctrinas que no se encuentran en las Escrituras. Estos incluyen la Inmaculada Concepción, Asunción y el Oficio Mediador de María (§491, 966, 969), la infalibilidad papal (§890), el purgatorio (§1030), la regeneración bautismal (§1213), la creación de la Misa (§1367, 1377), transubstanciación (§1413), indulgencias (§1471-1479), el mandato del celibato del clero (§1579) y un sinnúmero de otros.

Eliminación del segundo mandamiento

Como si la alteración y la adición de la doctrina no fueran suficientes, el Magisterio también eliminó partes de la Escritura. De acuerdo con el Catecismo, la Iglesia Católica Romana ha dado el atrevido paso de eliminar el Segundo de los Diez Mandamientos (§2142). Este es el mandamiento contra la idolatría que se menciona por primera vez en Éxodo 20:4, y es reafirmado nueve veces durante el resto de las Escrituras (véase Ex. 20:23; 34:17; Levítico 19:4; 26:1; Deuteronomio 4:23; 5:8; 1 Corintios 10:7, 14; 1 Juan 5:21). Sin embargo, para mantener la apariencia de los Diez Mandamientos, el último mandamiento se ha dividido en dos, funcionando efectivamente como los números 9 y 10. Y ahora, el mandato divino que prohíbe la adoración de imágenes talladas se ha eliminado, y la práctica de la veneración de imágenes y estatuas es requerida y ampliamente practicada (§1161).

Pero la pregunta debe hacerse: ¿con qué autoridad afirma el Magisterio la autoridad final?

La supuesta sucesión apostólica de papas
Según el Catecismo, el Señor Jesús le confió a Pedro la misión única de ser el líder universal de la iglesia. Citando Mateo 16:18, afirma que "a causa de la fe que confesó Pedro seguirá siendo la roca inquebrantable de la Iglesia" (§552). Además, se cree que Pedro fue confiado con "una autoridad específica"—"las llaves del reino de los cielos"—que es nada menos que la "autoridad para gobernar la casa de Dios, que es la Iglesia "(§553). Basandose principalmente en este texto, se cree que Pedro fue comisionado por Cristo para ser el primer Papa, comenzando así una línea de sucesión papal que ha continuado incluso hasta hoy.

Sin embargo, correctamente entendido, Mateo 16 no nos habla de Cristo otorgándole autoridad a Pedro sobre la iglesia; ¡Es acerca de Cristo declarando su intención de construir la iglesia! Y la "roca" sobre la cual Cristo edifica no es Pedro mismo, sino su anterior confesión de fe en

Jesús (v. 16): "¡Tú eres el Cristo, el Hijo del Dios viviente!" Comentando este versículo, Juan Calvino escribe,

> Esto muestra cómo el nombre de Pedro pertenece tanto a Pedro como a otros creyentes; es decir, fundamentados en la fe de Cristo, ellos son equipados por una fraternidad santa en el edificio espiritual, para que Dios more en medio de ellos. Porque Cristo aquí declara que este es el fundamento común de toda la Iglesia, Él desea unir a Pedro a todos los creyentes que van a existir en el mundo. Es como si dijera: "Ahora son solo una pequeña cantidad de hombres, y por tanto su confesión tiene poco valor en el presente; pero pronto llegará el momento en que se destacará espléndidamente y se extenderá mucho más. "Y esto no sirvió poco para alentar a los discípulos a la constancia; porque, aunque su fe era oscura y humilde, sin embargo, fueron escogidos por el Señor como primicias para que al fin de este comienzo insignificante surgiera la nueva Iglesia que se mantendría triunfante contra todos los designios del infierno.[32]

---

[32] *Calvin's Commentaries: A Harmony of the Gospels—Matthew, Mark and Luke*, trans. T.H.L. Parker, eds. David W. Torrance & Thomas F. Torrance (Grand Rapids: Eerdmans, 1972), 186.

Si bien es cierto que el nombre de Pedro (petros) significa "roca" en griego, Mateo registra la palabra en la forma femenina (petra), lo que lleva al lector a una conclusión diferente. Es casi como si Cristo estuviera diciendo: "Tú eres Pedro (*petros*, una "roca"), y sobre esta roca (petra, "cima de la montaña" de la fe), construiré Mi iglesia." Ahora, puede parecer inútil discutir sobre la gramática, pero la pregunta permanece: *¿Es Pedro la roca sobre la que se construye la iglesia?*

Efesios 2:20 enseña que la iglesia está "edificada sobre los cimientos de los apóstoles" y profetas, Cristo mismo siendo la piedra angular ". En otro lugar, Cristo es llamado "la piedra que los constructores han rechazado" que se ha "convertido en la piedra angular" (Sal. 118:22; Mateo 21:42; Marcos 12:10; Lucas 20:17; Hechos 4:11). El apóstol Pablo escribió, "porque nadie puede poner otro fundamento que el que está puesto, el cual es Jesucristo" (1 Corintios 3:11). Además, él afirma que incluso durante su peregrinación por el desierto, los israelitas "bebieron de la roca espiritual que los seguía, y la roca era Cristo" (1 Corintios 10:4). Incluso el mismo Pedro enseñó que Jesucristo era la "piedra angular" (1 Pedro 2:4, 6-7); y los cristianos son "piedras vivas... siendo edificados como casa espiritual" (v. 5); están edificados directamente sobre Cristo.

Jesús no anunció ni promovió que Pedro fuera el primer Papa, ni le impartió ningún tipo de autoridad como Cabeza de la iglesia: Cristo mismo "es la cabeza del cuerpo, la iglesia" (Col. 1:17). Y las "llaves del reino" se dieron colectivamente a la iglesia, para ser ejercidas bajo la autoridad espiritual del verdadero vicario de Cristo: el Espíritu Santo (Juan 14:16-17; 16:5-15). Ni el Papa ni el Magisterio tienen la autoridad para hablar por Dios; solo el Espíritu Santo hablando por medio de su palabra viva (Hebreos 4:12). Y entonces, reconociendo la autoridad inherente de la Palabra de Dios, debemos afirmar *sola Scriptura*. Juan Calvino escribe: "nuestra convicción de la verdad de las Escrituras debe derivarse de una fuente más elevada que las conjeturas, los juicios o las razones humanas; a saber, el testimonio secreto del Espíritu".[33]

Roma no tiene verdadero poder; El emperador no tiene sus vestiduras. Más bien, la Escritura está investida con la plena autoridad de Jesucristo, ya que es Su palabra revelada. Y si la Palabra de Dios es *inspirada*, *inerrante* y *autoritativa*, entonces también debemos admitir que es totalmente *suficiente*.

---

[33] John Calvin, *Institutes of the Christian Religion*, trans. Henry Beveridge (1559; reprint, Peabody: Hendrickson, 2008), 33.

El problema de la suficiencia

Es importante señalar que "los reformadores creían en *sola Scriptura*, no en *solo*, es decir, solamente las Escrituras, no en las Escrituras *solas*, las Escrituras no deben estar aisladas de la iglesia y su historia".[34] Hay lugar para credos, concilios y tradiciones. De hecho, la iluminación del Espíritu Santo ha llevado a innumerables creyentes en la historia a una mayor comprensión de la Palabra de Dios. Los credos son simplemente afirmaciones de la verdad bíblica. Muchos concilios han sido compuestos por líderes piadosos de la iglesia que han trabajado juntos para una mejor comprensión y para el descubrimiento de la doctrina. Y las tradiciones a menudo son las mejores prácticas de los creyentes cristianos que desean honrar a Cristo.

Sin embargo, el peligro viene cuando las tradiciones de los hombres atacan la autoridad de la Palabra de Dios. Esta fue la razón por la que Jesús reprendió a los fariseos en Mateo 15, cuando le preguntaron por qué sus discípulos violaron la tradición de los ancianos. Él respondió: "¿Y por qué quebrantan el mandamiento de Dios por su tradición?" (V. 3). Porque durante años, habían estado cargando a los creyentes con el yugo de la religión legalista y colocando sus tradiciones por encima de los

---

[34] Johnson, *The Case for Traditional Protestantism*, 35.

mandamientos revelados por Dios. Entonces, Jesús los reprendió diciendo:

> Hipócritas, bien profetizó de vosotros Isaías, cuando dijo: "Este pueblo de labios me honra; mas su corazón está lejos de mí. Pues en vano me honran, enseñando como doctrinas, mandamientos de hombres." (vv. 7-9)

Incluso Pablo advirtió a la iglesia "Mirad que nadie os engañe por medio de filosofías y huecas sutilezas, según las tradiciones de los hombres, conforme a los rudimentos del mundo, y no según Cristo." (Col. 2:8). De nuevo, la tradición está bien, pero no cuando reemplaza a la Palabra de Dios, y toma cautivo al creyente. No, no debemos "ir más allá de lo que está escrito" (1 Corintios 4:6). Juan advierte, "si alguno añadiere a [la revelación de la Escritura], Dios traerá sobre él las plagas que están escritas en [la Biblia]" (Apocalipsis 22:18). Solamente la Escritura es nuestra autoridad, no las tradiciones, ni los concilios, ni las denominaciones, ni los papas, ni siquiera los ángeles en el cielo (véase Gálatas 1:8).

El Señor Jesús reclama para sí mismo toda autoridad en el cielo y en la tierra (Mateo 28:18; ver Mateo 11:27; Juan 3:35; 5:22-24; 17:2; 19:11; etc.), y nos ha dado su Espíritu, quien nos ha dado su Palabra. Y es suficiente para nosotros. W. Robert Godfrey escribe, "La posición protestante... es que todas las cosas necesarias para salvación y sobre la fe y la vida se enseñan en la Biblia con suficiente claridad como para que el creyente ordinario pueda encontrarlas allí y comprenderlas."[35]

James R. White escribe:

"La Biblia dice ser la única y suficiente regla de fe infalible para la iglesia cristiana. Las Escrituras no necesitan ningún suplemento; su autoridad proviene de su naturaleza como revelación inspirada por Dios; su autoridad no depende del hombre, la iglesia o el concilio. Las Escrituras son auto-consistentes, y se interpretan y comprueban a sí mismas. La iglesia cristiana considera las Escrituras como la única regla de fe infalible y suficiente. Siempre está sujeta a la Palabra, y se reforma constantemente en ellas."[36]

A riesgo de arrojar demasiados clavos a la puerta, considere lo que Matthew Barrett escribe: "*Sola Scriptura significa que solo la Escritura, porque*

---

[35] W. Robert Godfrey, "What Do We Mean By Sola Scriptura?" in *Sola Scriptura: The Protestant Position on the Bible*, ed. Don Kistler (Orlando: Reformation Trust, 2009), 2.

[36] James R. White, *Scripture Alone: Exploring the Bible's Accuracy, Authority, and Authenticity* (Minneapolis: Bethany House, 2004), 28.

es la Palabra inspirada de Dios, es la autoridad inerrante, suficiente y final para la iglesia".[37]

¿Cómo respondió la Iglesia Católica Romana a la declaración protestante de *sola Scriptura?* En 1559, el Papa Pío IV dijo:

> "Dado que la experiencia enseña que, la lectura de la Santa Biblia en lengua vernácula permitida generalmente sin discriminación, resultará en más daño que ventaja debido a la audacia de los hombres, el juicio de los obispos e inquisidores es servir de guía en este sentido."[38]

Y con eso, Roma prohibió todas las traducciones de la Biblia excepto la Vulgata latina, colocándolas en una lista de "libros prohibidos". El Papa agregó: "Quien lea o tenga tal traducción en su posesión sin... permiso no puede ser absuelto de sus pecados hasta que él haya entregado esas Biblias."[39] Esto fue nada menos que un intento de arrebatar la autoridad a la Palabra de Dios y conferirla al Magisterio.

---

[37] Matthew Barrett, *God's Word Alone: The Authority of Scripture* (Grand Rapids: Zondervan, 2016), 23.
[38] W. Robert Godfrey, "What Do We Mean By Sola Scriptura?" in *Sola Scriptura: The Protestant Position on the Bible*, ed. Don Kistler (Orlando: Reformation Trust, 2009), 9.
[39] Ibid.

John Rogers, el primer mártir inglés, fue discípulo de William Tyndale. Y antes de ser quemado en la hoguera, fue interrogado por uno de los obispos, que sostuvo: "No se puede probar nada por las Escrituras", dijo. "La Escritura está muerta; debe tener un expositor vivo", sin duda refiriéndose al oficio del Papa. Pero Rogers respondió: "¡No, la Escritura está viva!"[40]

Rogers tenía razón.

Tenemos un Dios viviente que nos habla presencialmente a través de Su Palabra. Y a través de la palabra de verdad, el evangelio de nuestra salvación, somos salvos y santificados; nuestra conciencia está cautiva a la Palabra de Dios.

Afirmamos:

> "Toda la Escritura es inspirada por Dios, y útil para enseñar, para redargüir, para corregir, para instruir en justicia, a fin de que el hombre de Dios sea perfecto, enteramente preparado para toda buena obra."
> ~2 Timoteo 3:16-17, RVR1960

---

[40] Timothy George, *Theology of the Reformers* (Nashville: B&H, 2013), 341.

"Porque la gracia de Dios se ha manifestado, para salvación..."

~Tito 2:11

3

Sola Gratia

(Solo por Gracia)

En su introducción a la obra clásica de John Owen, *La muerte de la muerte en la muerte de Cristo*, J.I. Packer escribe que "realmente hay *un solo punto* que se debe hacer en el campo de la soteriología: el punto de que Dios *salva a los pecadores*"[41]. La Palabra de Dios afirma que "la salvación viene del Señor" (Sal. 37:39; Jon. 2:9). Se origina con Él, y se da libremente como un regalo. Esto es lo que se conoce como *gracia*. La gracia es un favor *inmerecido*. Al igual que con un regalo de cumpleaños, nadie pasa todo el año trabajando para ganarlo, ni un creyente trabaja para ganarse la gracia de Dios. Y los Reformadores llegaron a creer que una comprensión apropiada de la gracia de Dios en la salvación era vital para la fe cristiana. Lutero llamó al asunto "la bisagra en la que todo gira."[42] Es el tema de *sola gratia*, o "solo por Gracia".

---

[41] John Owen, *The Death of Death in the Death of Christ* (1684; reprint, Edinburgh: Banner of Truth Trust, 1959), 6.
[42] Martin Luther, *The Bondage of the Will*, trans. J.I. Packer and O.R. Johnson (1525; reprint, London: James Clark & Co. Ltd., 1957), 319.

Cuando Martín Lutero comenzaba sus estudios de doctorado en Wittenberg, era necesario leer el libro de texto teológico del siglo XII, *Four Books of Sentences*, de Pedro Lombardo. Sin embargo, fueron las referencias de Lombardo a Agustín las que llamaron la atención de Lutero. En un momento en que el joven Lutero todavía estaba luchando contra sus propios demonios, lo que más le preocupaba eran los problemas del pecado y la condición humana. Pero Agustín lo ayudaría a lidiar con los problemas y, en última instancia, lo conduciría al apóstol Pablo.[43]

Agustín y la condición humana

Aurelio Agustín nació en el norte de África en el año 354 D.C. con una madre cristiana y un padre pagano. A pesar de las desesperadas oraciones de su madre por su conversión, Agustín se sumergió de lleno en una vida de pecado. Satisfacer su apetito le resultó insatisfactorio, y comenzó a buscar la verdad. Esto finalmente lo llevó a Milán, donde estudiaría filosofía. Él incursionó en la Biblia, pero no la encontró demasiado interesante. Pronto se encontró a cargo de Ambrosio, el obispo de Milán, que le enseñaría las Escrituras. Pronto, mientras yacía bajo la predicación

---

[43] Stephen J. Nichols, *Martin Luther: A Guided Tour of His Life and Thought* (Phillipsburg: Presbyterian & Reformed, 2002), 31.

de Ambrosio, Agustín se convenció de su propia pecaminosidad, pero no estaba seguro de qué hacer al respecto. B.K. Kuiper registra lo que sucedió a continuación:

> Salió corriendo al pequeño jardín detrás de la casa. La copia de las epístolas de Pablo que llevaba la dejó en el banco junto a él. Su alma estaba profundamente agitada. Se levantó del banco y se tiró sobre la hierba bajo una higuera. Mientras yacía allí, oyó a un niño al lado cantar la canción: Tolle, lege; tolle, lege, que significa, "Toma y lee; toma y lee".
>
> Se levantó, regresó al banco, recogió la copia de las epístolas de Pablo y leyó: "Andemos como de día, honestamente; no en glotonerías y borracheras, no en lujurias y lascivias, no en contiendas y envidia, sino vestíos del Señor Jesucristo, y no proveáis para los deseos de la carne."(Romanos 13:13-14).[44]

A Agustín se le cortó el corazón, por lo que se arrepintió de sus pecados, muchos de los mismos enumerados en la epístola de Pablo, y creyó en el Señor Jesucristo, y se convirtió. Poco después, en 386, Agustín prosiguió sus estudios con Ambrosio, y eventualmente se convertiría en el obispo de Hipona, en su país natal, África del Norte. Predicaría y enseñaría,

---

[44] B.K. Kuiper, *The Church in History* (1951; Grand Rapids: Eerdmans, 1996), 37.

fundaría un monasterio y publicaría muchos libros. Pero es su biografía espiritual, *Confesiones* (c 400), por la cual es más conocido.

Las *Confesiones* de Agustín relatan la historia de su vida y conversión, centrándose específicamente en sus pecados pasados y la gracia de Dios para salvarlo. En las secciones iniciales, él narra los trabajos de su propio corazón inquieto, mientras contempla su vida de pecado. Un incidente en particular se destaca; Agustín describe un momento en el que le roba peras a su vecino. Él describe cómo los robó, no porque tenía hambre o incluso los necesitaba, pero simplemente porque quería robar. Él escribe: "Ansiaba robar", y aunque "era sucio", dice, "me encantó."[45]

Pero en medio de su admisión de culpabilidad, se lamentó por su propio pecado, al darse cuenta de que era una ofensa terrible para Dios. Además, se dio cuenta de que no estaba simplemente *cometiendo pecados*, sino que *él mismo era pecador*. Era su naturaleza, no solo cometer actos de pecado, sino amar el pecado mismo. Carl Trueman escribe: "La imagen que Agustín pinta en sus *Confesiones* es dura y abrumadora. El pecado es un poder penetrante que controla y define a los seres humanos. Es algo

---

[45] Augustine, *Confessions* 2.4. Translated by Edward Bouverie Pusey. Chicago: William Benton, 1952.

que domina la existencia personal y no ofrece ningún medio de escape"[46].

En medio de su angustia, Agustín, representado en el apóstol Pablo en Romanos 7, escribe:

> Yo, condenado por la verdad, no tuve nada que responder… en vano me "deleité en Tu ley según el hombre interior", cuando "otra ley en mis miembros se rebeló contra la ley de mi mente y me condujo cautivo bajo la ley del pecado que estaba en mis miembros. "Porque la ley del pecado es la violencia de la costumbre, por la cual la mente es conducida y retenida, incluso contra su voluntad; pero merecidamente, por eso voluntariamente cayó en ello. "Miserable de mí ¿Quién me librará de este cuerpo de muerte?", Sino solamente tu gracia, por Jesucristo, Señor nuestro?[47]

En sus *Confesiones*, Agustín reconoce la verdad de la Escritura con respecto a la naturaleza del hombre caído, destruido por el pecado. Incluso el apóstol Pablo se llama a sí mismo un "hombre miserable" (Romanos 7:24) que necesita la redención de su cuerpo de muerte. El peso de la evidencia

---

[46] Carl Trueman, *Grace Alone: Salvation as a Gift of God* (Grand Rapids: Zondervan, 2017), 61. Estoy en deuda con el Dr. Trueman por señalar la conexión entre Agustín y Lutero.
[47] Augustine, *Confessions* 8.5.

bíblica, combinado con sus propias experiencias personales con el pecado, llevó a Agustín a comprender y creer en la doctrina del *pecado original* o la *depravación total del hombre*. Y él llegaría a ver que el único camino posible de salvación era por la gracia de Dios. En su obra, *Sobre la amonestación y la gracia*, Agustín escribe: "La gracia de Dios por medio de Jesucristo nuestro Señor debe entenderse como aquella por la cual solo los hombres son librados del mal, y sin el cual no hacen absolutamente nada bueno, ya sea en pensamiento, voluntad, afecto, o de hecho."[48]

Este concepto que *solo la gracia* de Dios es el único camino de salvación sería el elemento clave en la nueva comprensión de Martín Lutero.

La esclavitud de la voluntad de Lutero

En la década de 1520, Lutero ya estaba empapado de muchas de sus creencias doctrinales, a saber, la creencia de que la salvación era "solo por gracia"—aunque admite—"no aprendí toda mi teología de una sola vez, tuve que reflexionar sobre ella más profundamente, y mis pruebas espirituales fueron de ayuda para mí en esto."[49] Lutero, sin duda iden-

---

[48] Vernon J. Bourke, ed. *The Essential Augustine* (Indianapolis: Hackett Publishing Co., 1981), 176. Énfasis añadido.
[49] Nichols, *Martin Luther*, 71.

tificándose con Agustín y Pablo en sus lamentos por el pecado, estaba completamente convencido de su propia depravación, y sabía que era solo por la gracia de Dios que fue redimido.

Además, sabía que ni siquiera el Papa tenía el poder de concederle el perdón que tan desesperadamente necesitaba, y lo había declarado en sus noventa y cinco tesis. En otra parte, escribió: "Si el Papa tiene el poder de liberar a alguien del purgatorio, ¿por qué en nombre del amor no abolirá el purgatorio dejando salir a todos?"[50] Y la razón por la que el Papa no vaciaba el purgatorio era porque no podía. De hecho, ningún acto humano puede liberar un alma del castigo divino y llevarla a los brazos salvadores de Dios, ni por "voluntad de la carne, ni por voluntad de varón, sino [solo] de Dios" (Juan 1:13)

Pero Roma se aferró a una visión adaptada del pelagianismo: una negación del pecado original y la creencia de que la voluntad humana puede elegir hacer el bien por sí misma; Además, esa salvación era "una recompensa por las buenas obras libremente realizadas por los seres humanos"[51]. Después de leer a Agustín, sin duda Lutero habría estado familiarizado con los problemas que rodean esta enseñanza, ya que

---

[50] Roland H. Bainton, *Here I Stand: A Life of Martin Luther* (Peabody: Hendrickson, 1950), 64.
[51] Timothy George, *Theology of the Reformers* (Nashville: B&H, 2013), 74.

Pelagio (AD 360-418) era un opositor de Agustín. De hecho, los dos eruditos guerrearon ferozmente sobre las doctrinas del pecado, la predestinación y la voluntad humana. Finalmente, Pelagio fue condenado como hereje por el Concilio de Cartago en 418.

Sin embargo, la Iglesia Católica Romana desde entonces ha modificado su visión del pecado y la voluntad humana, adoptando una forma de *Semi-Pelagianismo*: la creencia de que los humanos participan en su salvación; en efecto, eligen ser salvados y, posteriormente, crecen por la gracia infundida de Dios. Lutero había expresado su oposición a este punto de vista, debatiendo a menudo contra él. Sin embargo, en respuesta a Lutero, el erudito humanista Erasmo—exteriormente su aliado de la Reforma—se dispuso a refutar la opinión de Lutero y declarar con valentía el triunfo de la voluntad humana.

Erasmus vs. Lutero

En septiembre de 1524, bajo la presión de la Iglesia Católica, Erasmo escribió un ataque contra la teología de Lutero, titulado *Diatriba concerniente al libre albedrío*. En su trabajo, él sostiene que la Caída, aunque tuvo un impacto negativo en la voluntad humana, no la destruyó. En el corazón del argumento de Erasmo está la creencia de que los seres humanos, aunque debilitados por el pecado, son capaces de realizar buenas acciones por su propia voluntad, lo que incluye su capacidad de cooperar con Dios para alcanzar su salvación. Si bien no niega abiertamente la soberanía de Dios y la necesidad de la gracia, Erasmo no hizo más que repetir los argumentos de facto de la posición semipelagiana de la Iglesia Católica. Roma aclamó a la Diatriba como una victoria teológica, creyendo que había asestado un golpe mortal a los argumentos de Lutero. Pero la respuesta de Lutero sacudiría a la Iglesia de una manera que nunca podrían haber imaginado.

En diciembre de 1525, finalmente llegó una respuesta. Aprovechando el título de Erasmo, Lutero ofreció lo que se ha llamado "la mayor pieza de escritura que vino de [su] pluma": *La esclavitud de la voluntad*. J.I. Packer señala: "el Lutero a quien conocemos en La esclavitud de la vo-luntad no es Lutero el panfletista, ni Lutero el predicador (en gran parte improvisado), sino el Dr. Lutero, teólogo sistemático, y de alto rango."[52] Lutero, él agrega, es "un gran guerrero de corazón; un exégeta completo (gana la batalla de los textos sin duda); un profundo teólogo sistemático; y, sobre todo, un inquebrantable defensor de la gracia de un Dios sober-ano."[53]

---

[52] From the Introduction to *Bondage of the Will,* eds. J.I. Packer and O.R. Johnson (1525; London: James Clark & Co. Ltd., 1957), 45.
[53] Ibid., 47.

Después de primeramente establecer la autoridad y claridad de las Escrituras, Lutero lleva a Erasmo a la tarea punto por punto, llevando la Palabra de Dios a todas las afirmaciones teológicas. Y, francamente, él es implacable. Lutero no solo ataca sus argumentos principales, sino que también resalta los detalles que le soportan, e incluso llama la atención a Erasmo sobre su descuido para con sus citas.[54] Pero, es sobre la afirmación de Erasmo respecto a la capacidad del hombre para hacer el bien que Lutero prepara su ataque.

Lutero apela a las Escrituras, a saber, los primeros capítulos de Romanos, para mostrar la doctrina de la *depravación humana*. Quizás el pasaje más condenatorio respecto a la capacidad humana está al final de la diatriba de Pablo contra la justicia propia en Romanos 3. El apóstol Pablo, tejiendo una letanía de textos del Antiguo Testamento, escribe:

No hay justo, ni aun uno;

No hay quien entienda, No hay quien busque a Dios

Todos se desviaron, a una se hicieron inútiles;
No hay quien haga lo bueno, no hay ni siquiera uno.
Sepulcro abierto es su garganta; Con su lengua engañan.
Veneno de áspides hay debajo de sus labios;
Su boca está llena de maldición y de amargura.

---

[54] Luther, *Bondage of the Will*, 73.

> Sus pies se apresuran para derramar sangre;
> Quebranto y desventura hay en sus caminos;
> Y no conocieron camino de paz.
> No hay temor de Dios delante de sus ojos. (Romanos 3:10-18)

Comentando sobre estos versículos, Lutero escribe: "Estoy asombrado de que, cuando Pablo tan a menudo usa estos términos comprensivos, 'todo', 'ninguno', 'no', 'nunca', sin'... estoy sorprendido [en] cómo ha sucedido que frente a estos términos y declaraciones comprensivos, otros que son contrarios, sí, contradictorios a estos han ganado aceptación."[55] En otras palabras, cuando Pablo dice, "*no hay justo*", ¿cómo podría alguien llegar a la conclusión que *cualquiera* puede ser llamado justo? Cuando Pablo dice, "*no hay* quien busque a Dios," ¿cómo podría alguien concluir que era posible que *alguien* buscara a Dios por su propia voluntad humana? Luego, Lutero dice que la única manera en que podrías llegar a esa conclusión es si "presentaras una nueva gramática y un nuevo modo de hablar".[56]

Además, si comprendemos las Escrituras correctamente junto con Agustín y Lutero, vemos que estamos "muertos en nuestros delitos y

---
[55] Ibid., 298.
[56] Ibid., 299.

pecados" (Efesios 2:1, 5), "esclavos del pecado" (Romanos 6:6, 12, 20; véase Juan 8:34), "amadores de las tinieblas; aborrecedores de la luz" (Juan 3:19), "enemigos de Dios" (Romanos 5:10), "hostiles a Dios" (Romanos 8:7), y por tanto, "hijos de ira" (Efesios 2:3). Jeremías 17:9 dice que el corazón del hombre es "engañoso y perverso". Y David escribe que fue "formado en iniquidad... concebido en pecado" (Sal. 51:5). ¡En otras palabras, nacido de esa manera! Y en nuestra condición carnal, caída, según Romanos 8:8, no podemos agradar a Dios porque "ni siquiera somos *capaces* de hacerlo". La única conclusión lógica que podemos extraer de la evidencia bíblica es que, aparte de la gracia de Dios, el alma está muerta.

Y si el alma está muerta, la voluntad está muerta.

El mito del libre albedrío

De hecho, a la luz de las Escrituras, queda claro que no existe el "libre albedrío". Según Romanos 6, los seres humanos son "esclavos del pecado" (v. 13, 16-17, 20) o "Esclavos de justicia" (vv. 18, 22). No hay una categoría neutral. Jesús dijo: "Ninguno puede servir a dos señores, porque o aborrecerá a uno y amará al otro, o se consagrará a uno y menospreciará al otro" (Mateo 6:24). Lutero agrega: "De ahí se deduce que el 'libre albedrío' sin la gracia de Dios no es libre en absoluto, sino que es el prisionero permanente y esclavo encadenado del mal, ya que no puede convertirse en bueno."[57] En otras palabras, la humanidad caída carece de la capacidad para tomar decisiones espirituales o realizar obras de rectitud. Isaías registra que nuestras obras hechas en injusticia no son más que "trapos de inmundicia" para Dios (Isaías 64:6). Cada cosa justa que pensamos que estamos haciendo termina siendo nada más que un ejercicio de justicia propia. Lutero concluye: "Se sigue, por lo tanto, que el 'libre albedrío' es obviamente un término aplicable solo a la Divina Majestad; porque solo Él puede hacer, y lo hace (como canta el salmista) "lo que él quiere en el cielo y en la tierra" (Salmo 135:6)."[58]

Por lo tanto, la única forma en que un pecador puede ser salvo es si Dios elige hacerlo: *Dios salva a los pecadores*. Como creyentes, afirmamos que el Señor Dios es soberano (Éxodo 33:19, Sal. 115: 3, Romanos 8:28-30), todopoderoso (Job 42:1-2; Col. 1:7; Hebreos 1:3), omnisciente (Salmo 139:2-6; 147:5; Hebreos 4:13), y justo (Sal. 48:10; 119:137, 142; Jer. 12:1 Juan 17:25). Nadie puede entender sus caminos o su voluntad (Isaías 55:8-9), sin embargo, nos sometemos voluntariamente a ella. De hecho, Jesús enseñó a los discípulos a orar: "Venga tu reino, *hágase tu*

---

[57] Ibid., 104.
[58] Ibid., 105.

voluntad" (Mateo 6:10, énfasis agregado). Y si los seres humanos están completamente muertos en pecado e incapaces de salvarse del juicio, entonces solo Dios, de acuerdo con Su soberana voluntad, puede descender del cielo, extender Su mano, y sacar a los pecadores de la tumba (¡como Lázaro!). Y lo hace porque elige hacerlo. Jesús dijo: "Ninguno puede venir a mí si el Padre que me envió no le trajere". Y yo le resucitaré en el día postrero"(Juan 6:44). Pablo escribe: "Mas *por él* estáis vosotros en Cristo Jesús, el cual nos ha sido hecho por Dios sabiduría, justificación, santificación y redención; para que, como está escrito: El que se gloría, gloríese en el Señor "(1 Corintios 1:30-31, énfasis agregado).

Rutinariamente apelamos a la gracia de Dios, la misericordia de Dios y la soberanía de Dios en todas las cosas. Constantemente confiamos en Dios para sostener la creación, ordenar eventos, establecer y derribar líderes e influenciar a los gobiernos. Humildemente nos sometemos a Dios en todo su conocimiento, sabiduría, bondad y justicia. Confiamos en que Él haga provisión, bendiga, maldiga, cure y obre la reconciliación. Incluso le pedimos a Dios por la salvación de los demás: nuestros amigos y familiares no salvos. Cedemos a su voluntad soberana en cada punto; sin embargo, ¿¡tan desesperadamente queremos aferrarnos a la idea de que ejercemos nuestro propio libre albedrío para ser salvos, que nos damos un renacimiento espiritual a nosotros mismos!?

¡Oh, que podamos contemplar la gracia pura de Dios en la salvación, nuestros corazones se derretirán en adoración y acción de gracias! ¡Nuestro orgullo sería destrozado, nuestra fuerza fallaría, nuestras rodillas se doblarían y caeríamos y adoraríamos al Señor! Es por eso que se nos exhorta, para que no nos levantemos por nuestra cuenta, sino para "acercarnos al trono de la gracia" (Hebreos 4:16).

Pero la gente dice: "¡Eso no es justo!" O "No me gusta que Dios elija quién será salvo", como si impugnara el carácter de Dios. Erasmo solía decir: "Que Dios sea bueno". Pero Lutero respondió: "¡Que Dios sea Dios!". Esta doctrina no es de los hombres; si no, podríamos amotinarnos contra ella. Más bien, es del Señor. Porque Él dice en Éxodo 33:19: "tendré misericordia del que tendré misericordia, y seré clemente para con el que seré clemente". Y Pablo plantea la pregunta en Romanos 9: "¿Qué, pues, diremos? ¿Que hay injusticia en Dios? En ninguna manera." (v. 14). "No depende del que *quiere* o del que corre, sino de Dios que tiene misericordia" (v. 16, énfasis agregado). Pablo continúa con el argumento:

> Pero me dirás: ¿Por qué, pues, inculpa? porque ¿quién ha resistido a su voluntad? Mas antes, oh hombre, ¿quién eres tú, para que alterques con Dios? ¿Dirá el vaso de barro al que lo formó: ¿Por qué me has hecho así? ¿O no tiene potestad el alfarero sobre el barro, para hacer de la misma masa un vaso para honra y otro para deshonra? (Romanos 9:19-21)

En nuestra autosuficiencia, terquedad y orgullo, nos rebelamos contra la soberana voluntad de Dios, pero nos equivocamos. Este es el mismo Dios que habla y los mundos vienen a existencia (Génesis 1:1ff), hace retroceder el reloj de sol (2 Reyes 20:11), calma los océanos (Marcos 4:39) y divide los mares (Éxodo 14:21), y resucita a los muertos (Marcos 5:21-43; Juan 11:39-44), y se ríe de las naciones rebeldes (Salmo 2:4). Y este mismo Dios se resiste a los orgullosos... pero da gracia a los que son humildes (Prov. 3:34; Santiago 4:6; 1 Pedro 5:5). Lutero escribe,

> Pero un hombre no puede ser completamente humillado hasta que se da cuenta que su salvación está completamente más allá de su propio poder, consejo, esfuerzos, voluntad y obras, y depende absolutamente de la voluntad, el consejo, el placer y el trabajo de Otro, Dios únicamente[59].

---

[59] Ibid., 100.

Por lo tanto, él escribe:

> Es, por lo tanto, fundamentalmente necesario y sano para los cristianos saber que Dios no sabe nada de manera contingente, sino que Él prevé, se propone y hace todas las cosas de acuerdo con su propia voluntad inmutable, eterna e infalible.[60]

El ejercicio de la voluntad divina de Dios no es meramente una cosa arbitraria. Dios no es pasivo o indiferente en su decisión. Tampoco es injusto, malicioso o vengativo. No, las Escrituras enseñan que la beningnidad y bondad de Dios hacia los seres humanos es una extensión de Su gracia, y es nada menos que sorprendente.

¿Pero cómo un creyente recibe Su gracia? Este fue un punto importante de disputa con los Reformadores.

Los Medios de Gracia

En los días de Lutero (y hoy), Roma enseñaba que la salvación venía por la gracia de Dios, pero su comprensión de la "gracia" era marcadamente diferente de lo que la Biblia enseña. Para la Iglesia Católica Romana, la gracia era una "cosa": una fuerza de poder divino otorgada a los creyentes para realizar tareas espirituales. Un disparo en el brazo, un impulso; un

---

[60] Ibid., 80.

escritor incluso lo comparó con un Red Bull espiritual.[61] A instancias del Papa, esta "gracia se le daría a quienes la quisieran y persiguieran, y salvaría solo en la medida en que *permitiese* a las personas hacerse santas y así ganar su salvación".[62] Y así, el Catolicismo Romano se basa en la noción de obtener esta sustancia espiritual que ellos llaman "gracia". Y la manera de obtener la gracia de Dios fue a través de varios "medios de gracia" conocidos como sacramentos.

La palabra "sacramento" proviene de la palabra latina *sacramentum*, que significa "juramento sagrado", pero luego se usaba para hablar de un medio misterioso por el cual Dios impartía su gracia. En el Catolicismo Romano, hay siete sacramentos. Ellos son los siguientes:

- *El Bautismo* limpia del pecado original, proporciona renacimiento espiritual o regeneración, y comienza el proceso de justificación (§694, 1213, 1250).

- *La confirmación* otorga al Espíritu Santo, lo que conduce a un mayor poder espiritual y al sello de la Iglesia Católica.

- *La penitencia* elimina la pena de los pecados cometidos después del bautismo y la confirmación.

---

[61] Michael Reeves & Tim Chester, *Why the Reformation Still Matters* (Wheaton: Crossway, 2016), 88.
[62] Ibid., 83.

- *La Sagrada Eucaristía* es donde Cristo se vuelve a ofrecer como un sacrificio no sangriento, y los beneficios del Calvario se perpetúan y se aplican a la vida del creyente (§1367, 1377, 1382).

- *El matrimonio* brinda una gracia especial a las parejas que deciden casarse en la Iglesia Católica.

- *Ungir a los enfermos* otorga gracia a aquellos que están enfermos, viejos o cerca de la muerte.

- *Las órdenes sagradas* confieren gracia especial y poder espiritual sobre el liderazgo de la Iglesia (obispos, sacerdotes, diáconos) como representantes de Cristo.

Se cree que los sacramentos funcionan ex opere operato—"del trabajo que se realliza". En otras palabras, tienen un poder espiritual intrínseco que funciona por sí mismo, independientemente de la fe de la persona que los recibe. En pocas palabras, la gracia se recibe a través de los sacramentos mismos. Sin embargo, este fenómeno es puramente hecho por el hombre, y no se enseña en las Escrituras.

Los Reformadores creían que "el lugar de crecer en la gracia estaba ligado a la práctica continua de ciertos medios de gracia: la lectura y la predicación de la Palabra y la correcta administración de los sacramentos"[63]. Además, los sacramentos que se administrarían eran los que se ordenaban explícitamente por Cristo, es decir, el bautismo y la Cena del Señor. Pero ellos no los entendieron de la misma manera que lo hizo la Iglesia Católica; porque el bautismo no limpia del pecado ni produce regeneración, sino que es un signo de fe. Y la Cena del Señor no consiste en ingerir el cuerpo y la sangre literales de Jesucristo; es una realidad espiritual.

La gracia de Dios no se puede tratada como una mercancía; no puede ser manejado como un objeto. No puede ser comprar o vender, trabajar por ella o ganarla. En cambio, debe ser dada libremente por Dios mismo.

La Gracia de Dios

Si la gracia es un favor inmerecido; la bondad y la benignidad de Dios se extendió a aquellos que no son merecedores, entonces debe ser dada directamente por Él en las formas en que Él elige dispensarla. En la Biblia, vemos la gracia de Dios manifestada en la persona de Jesucristo, por la cual Él se entrega a *Sí mismo*: "Porque la gracia de Dios se ha manifestado, para la salvación a todos los hombres" (Tito 2:11). La gracia de Dios viene

---

[63] Michael Allen, "Sanctification, Perseverance, and Assurance," in ed. Matthew Barrett, *Reformation Theology: A Systematic Summary* (Wheaton: Crossway, 2017), 562.

por el amor de Dios: "Porque de tal manera amó Dios al mundo, que ha dado a su Hijo unigénito" (Juan 3:16). Él nos ha dado según su propia voluntad, no según la voluntad de hombres pecadores. En Romanos 5:8 dice que "*mientras aún éramos pecadores*, Cristo murió por nosotros." De hecho, nuestra salvación, nuestra justificación, fue "un don por su gracia mediante la redención que es en Cristo Jesús" (Rom. 3:24).

Pablo nos dice que en Adán todos pecaron; todos murieron—"la muerte reinó" (Romanos 5:14, 17). E incluso en la entrega de la Ley de Moisés, el pecado y la transgresión solo aumentaron. Más ley, más muerte. Estábamos en una espiral descendente, completamente incapaces de salir. Pero Dios se compadeció de nosotros; Él mostró compasión. Él envió a otro Adán, un Adán perfecto; Alguien que podría satisfacer toda la Ley y lograr una justicia perfecta. De modo que, "a través de un acto de justicia"—la cruz—"resultó la justificación de vida para todos los hombres" (v. 18).

Incluso mientras estábamos muertos en nuestros delitos, esclavizados a nuestro pecado, atrapados en un océano de iniquidad; Pablo dice: "…mas cuando el pecado abundó, sobreabundó la gracia; para que así como el pecado reinó para muerte, así también la gracia reine por la justicia para vida eterna mediante Jesucristo, Señor nuestro" (vv. 20-

21). Dios nos vio luchando en nuestra sangre, y dijo: "¡Vive!" (Véase Ezequiel 16:6). Él ha quitado nuestros corazones de piedra y nos ha dado corazones de carne (Ezequiel 36:26). Y derramó "gracia sobre gracia" (Juan 1:16) al enviar a su Hijo.

¡Qué maravilloso! ¡Qué maravilloso! es la asombrosa gracia de Dios!

"Porque por *gracia* sois salvos por medio de la fe; y esto no de vosotros, pues es don de Dios; no por obras, para que nadie se gloríe. Porque somos hechura suya, creados en Cristo Jesús para buenas obras, las cuales Dios preparó de antemano para que anduviésemos en ellas." (Efesios 2:8-10).

Somos salvos por la gracia de Dios, y solo por gracia, *sola gratia*.

"Concluimos, pues, que el hombre es justificado por fe sin las obras de la ley".

~Romanos 3:28

4

Sola Fide

(Solo por fe)

Para el año 1540, la Reforma estaba en pleno apogeo, ya que los semilleros del protestantismo estaban surgiendo en toda Europa. Martín Lutero, Martin Bucer y Philip Melanchthon lideraron la lucha en Alemania durante dos décadas, mientras que, simultáneamente, Ulrich Zwinglio, seguido de Heinrich Bullinger, lanzaría la Reforma suiza. Francia vería la Reforma primero a través de Guillaume Farel, seguido de Juan Calvino y Teodoro Beza. En Inglaterra, se encendería a través de los trabajos de William Tyndale y Thomas Cranmer, pero se incendiaría por el testimonio de hombres como John Hooper, Hugh Latimer y Nicholas Ridley. John Knox traería la Reforma a Escocia; George Browne a Irlanda, Menno Simmons a los Países Bajos, y Johannes Bugenhagen a Dinamarca. De hecho, durante el siglo XVI, más de cincuenta de los ochenta y cinco ciudades libres e imperiales dentro del Sacro Imperio Romano se convertirían en protestantes.[64]

---

[64] Timothy George, *Theology of the Reformers* (Nashville: B&H, 2013), 119.

Sin embargo, lo que los unió fue más que un simple rechazo de los errores de la Iglesia Católica Romana. Estaban unidos por un compromiso con la Palabra de Dios y el evangelio del Señor Jesucristo. Como notamos antes, se ha dicho que *sola Scriptura* era el *principio formal* de la Reforma, es decir, en el corazón de su método. Mientras que su *principio material*—el corazón de su contenido—fue *sola fide*, o "solo por fe". Durante su debate con el Cardenal Sadoleto, Juan Calvino notó que sola fide era "el tema principal y más agudo de controversia entre nosotros". Y si se eliminaba, argumentó, "la gloria de Cristo se extingue, la religión es abolida, la iglesia destruida y la esperanza de salvación completamente desechadada."[65] Como veremos, en el centro de la *sola fide* se encuentra la doctrina de la justificación.

La verdad del Evangelio

En Gálatas 2, el apóstol Pablo relata un episodio que ocurrió entre él y el apóstol Pedro. Él señala que "cuando Cefas [Pedro] vino a Antioquía," Pablo lo confrontó públicamente (v. 11). Pero, ¿qué haría que dos apóstoles se enfrentaran? ¿Qué problema podría ser tan grave? Él notó en el versículo 14, que era un asunto crítico; un problema relacionado con "la

---

[65] Citado en Terry L. Johnson, *The Case for Traditional Protestantism: The Solas of the Reformation* (Edinburgh: Banner of Truth Trust, 2004), 76.

verdad del evangelio". Hubo una gran confusión, y Pedro estaba en el centro del dilema.

Una delegación de líderes judíos había venido de Jerusalén. Se cree que la delegación estaba compuesta por judaizantes, aquellos que sostenían que la salvación consistía en algo más que la simple fe en Jesucristo, al incluir también una adhesión estricta a los ritos y regulaciones mosaicos. Además, estos legalistas judíos sin duda se habrían aferrado a la práctica de la separación estricta de todos los no judíos, como lo habían hecho durante muchos años. Su llegada a Antioquía causó gran temor en Pedro (v. 12), porque él, junto con otros cristianos judíos, había abrazado a los cristianos gentiles como hermanos y hermanas en el Señor.

En respuesta a la llegada de la delegación judía, Pedro comenzó a retirarse de compañerismo con los gentiles De hecho, la mayoría de los judíos en Antioquía siguieron su ejemplo y comenzaron a separarse. Esto efectivamente creó la ilusión de una división de dos clases: los cristianos judíos siendo los más espirituales; y los cristianos gentiles como menos espirituales.

Cuando Pablo se enteró, estaba furioso. Inmediatamente, reconoció el comportamiento como hipocresía (v. 13), y tomó medidas contra el líder del grupo, Pedro. Pablo nota que esta separación autoimpuesta creó confusión, ya que enturbió las aguas respecto al evangelio. Pedro estaba, en efecto, predicando otro evangelio (véase Gálatas 1:8-9), y Pablo lo confronta "porque estaba condenado" (v. 11).

Pablo plantea la pregunta: "Si tú, siendo judío, vives como los gentiles y no como los judíos, ¿cómo obligas a los gentiles a vivir como judíos?" (v. 14). En otras palabras, los cristianos judíos habían estado experimentando los beneficios de la libertad cristiana, sin adherirse a las minucias de la ley mosaica. Esencialmente, ahora vivían como los gentiles. Pero con la llegada de los judaizantes, Pedro efectivamente revirtió su postura, separándose de los gentiles específicamente porque no obedecían la ley mosaica. Él estaba poniendo sobre sus hombros la carga de la ley, de la cual él mismo había sido librado a través de la obra redentora de Cristo, junto con el resto de la comunidad cristiana. Y Pablo lo llama: hipocresía.

Él presiona a Pedro sobre "la verdad del evangelio", recordándole la verdad más esencial—una verdad que sin duda Pedro conocía muy bien—"que el hombre no es justificado por las obras de la Ley, sino por la fe en Jesucristo" (v. 16). De hecho, para enfatizar su punto, él repite la frase dos veces más: "nosotros hemos creído en Cristo Jesús, para que seamos justificados por la fe en Cristo, y no por las obras de la Ley; ya que por las obras de la Ley ningún ser humano será justificado delante de Dios." Afortunadamente, sabemos que Pedro se arrepintió, y la verdad del evangelio fue confirmada.

La noción de que las personas son justificadas por la fe, aparte de las obras, prevalece en el Nuevo Testamento, pero tendría que ser rescatada de miles de años de oscuridad, ya que es el punto central del evangelio de Jesucristo.

La recuperación de la doctrina de la *justificación*

Se ha dicho que el redescubrimiento de la doctrina de la justificación tuvo lugar en una torre en Wittenberg, Alemania. En algún momento alrededor del año 1519, dos años después de publicar sus noventa y cinco tesis, Martín Lutero fue encerrado, y permaneció estudiando la carta de Pablo a los romanos. Él fue implacable; al tratar desesperadamente de entender la frase "la justicia de Dios" en Romanos 1:17. Hasta ese punto, él se irritó con la frase, ¡incluso la odió! Él vio "la justicia de Dios" como el estándarte perfecto de Dios al que se sujetan todos los pecadores; un estándar que nadie puede esperar lograr. Y esto hizo enojar a Lutero. "¿No es suficiente que nosotros, pecadores miserables, privados de la eternidad debido al pecado original, estemos oprimidos por todo tipo de calamidades a través de los Diez Mandamientos?", Dijo. "¿Por qué Dios acumula tristeza sobre tristeza a través del Evangelio y por medio del Evangelio nos amenaza con su justicia y su ira?"[66] Para Lutero, las implicaciones de este versículo pintaban a Dios como vengativo y despiadado; un niño malvado que sostiene una lupa sobre un hormiguero, quemando a las hormigas bajo su ardiente juicio y riendo todo el tiempo.

Pero luego algo hizo clic.

Después de meditar sobre las palabras día y noche, Lutero llegó a un nuevo entendimiento. El escribe,

> Empecé a entender que en este versículo la justicia de Dios es aquella por la cual la persona vive por un don de Dios, es decir, por la fe. Empecé a entender que este versículo significa que la justicia de Dios se revela a través del Evangelio, pero es una justicia pasiva, es decir, por la cual el Dios misericordioso nos justifica por la fe, como está escrito: "El justo por la fe vivirá." De repente sentí que había nacido de nuevo y entré al paraíso a través de puertas abiertas.[67]

---

[66] Citado en Michael Reeves & Tim Chester, *Why the Reformation Still Matters* (Wheaton: Crossway, 2016), 25.
[67] Ibid., 26.

¡De repente, Lutero ya no odiaba a Dios, sino que se regocijaba en Su nombre! Ahora, él entendía "la justicia de Dios" no como activa (algo que tenía que alcanzar), sino pasiva (algo que Cristo logró en su nombre). Ahora, las cadenas eran quitadas, y él adoró al Señor con todo su corazón. Lutero confesó:

> Si tienes una fe verdadera de que Cristo es tu Salvador, entonces de inmediato tienes un Dios misericordioso, porque la fe te guía y abre el corazón y la voluntad de Dios, para que veas gracia pura y amor desbordante. Esto es para contemplar a Dios con fe, para que veas su corazón paternal y amistoso, en el cual no hay ira ni falta de gracia. El que ve a Dios como enfadado no lo ve correctamente, sino que ve solo un velo, como si una nube oscura se hubiera extendido sobre su rostro.[68]

Para Lutero, esta "experiencia de la torre" marcaría el comienzo de su viaje de descubrimiento como creyente cristiano. Pero no vendría todo de una vez. Esta comprensión del significado de Romanos 1:17 comenzaría una reacción en cadena que conduciría al desarrollo posterior de la

---

[68] Roland H. Bainton, *Here I Stand: A Life of Martin Luther* (Peabody: Hendrickson, 1950), 48.

doctrina de la Reforma. Y Lutero no lo haría solo. Tendría la ayuda de otros pastores y teólogos, que aportarían comprensión y claridad.

Se ha notado que hubo tres características principales en la comprensión protestante de la doctrina de la justificación. Es a esto a lo que recurriremos a continuación.

La justificación es forense

El verbo griego *dikaioō* ocupa un lugar central, ya que se traduce en nuestras Biblias en español como "justificar". Sin embargo, Agustín y algunos de los padres de la iglesia leen la traducción latina: *iustificare*, un compuesto de *iustum* ("justo") y *facere* ("Hacer"), para llegar al entendimiento de que el pecador estaba haciendose justo en el proceso de justificación.[69] En otras palabras, ¡Dios está convirtiendo al pecador en una persona justa para poder salvarlo! Pero, ¿es ese el significado original de Pablo? Lutero creía que no.

Para Lutero y los Reformadores, la justificación era de naturaleza *forense*. Aunque este término puede sonar extraño para nosotros bíblicamente, ciertamente entendemos este término culturalmente. La palabra se

---

[69] Korey D. Maas, "Justification by Faith Alone," in ed. Matthew Barrett, *Reformation Theology: A Systematic Summary* (Wheaton: Crossway, 2017), 516-517.

usa comúnmente en conexión con investigaciones criminales y actas legales. Ese es el mismo ámbito de uso aquí; se refiere al sistema judicial. R.C. Sproul escribe: "Podemos reducir su significado al concepto de *declaración legal*. La doctrina de la justificación involucra un asunto legal de primer orden. De hecho, es el tema legal sobre el que el pecador se levanta o cae: su estado ante el tribunal supremo de Dios."[70] La humanidad está en juicio, y Dios es el juez.

La naturaleza *forense* de la justificación es que los pecadores son *declarados justos* ante Dios. Este es un acto legal; un veredicto dictado por los tribunales del cielo. Mientras que el pecador no tiene nada de qué jactarse, ninguna justicia inherente, nada que ofrecer, nada que agradaría a Dios (ver Romanos 3:10-18, Isaías 64:6, etc.)—Dios perdona al pecador, y por lo tanto lo trata como si fuera justo, aunque sea injusto.

¡En verdad, Dios no puede y no declarará a una persona justa por sus propios méritos porque sería un acto supremo de injusticia! Como hemos visto, a diferencia de Dios, los humanos somos terribles infractores de la ley, infelices no regenerados, hijos de la desobediencia, espiritualmente muertos. Ningún juez humano dejaría en libertad a un

---

[70] R.C. Sproul, *Faith Alone: The Evangelical Doctrine of Justification* (Grand Rapids: Baker, 1995), 116.

asesino en masa simplemente porque pagó sus impuestos a tiempo. De la misma manera, Dios no pasará por alto nuestras transgresiones y pecados sobre la base de nuestras actividades religiosas o nuestras buenas obras. Él declara: "Por las obras de la ley nadie será justificado delante de él" (Romanos 3:20). Más bien, la justificación es "un don por su gracia mediante la redención que es en Cristo Jesús" (v. 24). Jesús cuenta la parábola de dos hombres, un fariseo y un recaudador de impuestos, que vienen a adorar a Dios en el templo. El fariseo se jacta de su habilidad para guardar la Ley de Dios y lograr una justicia por sí mismo. Pero el recaudador de impuestos, avergonzado de su pecado, todo lo que puede hacer es suplicar al Señor: "¡Ten misericordia de mí, pecador!". Jesús declara: "Te digo que este hombre bajó a su casa justificado en lugar del otro" (Lucas 18:13-14).

Mientras el Señor se sienta como juez, ejerciendo sus decretos, hay una parte que se ejerce para aquellos que serían justificados. El elemento clave en la salvación y la justificación es la *fe*.

Según Hebreos 11:1, la fe es "la certeza de lo que se espera, la convicción de lo que no se ve". Pablo toma nota de la fe de Abraham, "estando plenamente seguro de que lo que [Dios] había prometido, también lo haría" (Romanos 4:21). No es lo que llamamos "fe ciega", sino confianza en las promesas de Dios y en su capacidad para guardarlas. Y la Biblia dice que la fe es el agente activo en operación; es la llave que abre la cerradura. Somos justificados por la fe en Jesucristo (Romanos 3:28; 5:1; Gálatas 3:11, 24), y no por nuestros propios esfuerzos para justificarnos a nosotros mismos. Ya en Génesis 15:6, vemos a Abraham que "creyó a Dios, y le fue contado por justicia". Lutero escribe: "Por lo tanto, debe ser la primera preocupación de todo cristiano dejar de lado la confianza en las obras y cada vez más fortalecer la fe solamente y mediante la fe, crecer en el conocimiento, no de las obras, sino de Cristo Jesús, quien sufrió y resucitó por él."[71] Los pecadores no son salvos por obras, sino "por gracia [nosotros] hemos sido salvados, por medio de la fe" (Efesios 2:8). Y Dios, quien es Él justo, es "el que justifica al de la fe en Jesús" (Romanos 3:26).

La justificación es distinta de la santificación

La segunda característica de la comprensión *protestante* de la justificación es la noción de que es totalmente distinta de la santificación. Según el *Catecismo de la Iglesia Católica*, "la justificación se confiere en el Bautismo, el sacramento de la fe. Nos conforma a la justicia de Dios, quien nos hace

---

[71] Martin Luther, "The Freedom of a Christian," in *Three Treatises* (Philadelphia: Fortress, 1970), 281.

interiormente justos por el poder de su misericordia" (§1992). Además, la justificación se expresa como un esfuerzo cooperativo: "La justificación establece la colaboración entre la gracia de Dios y la libertad del hombre. Por parte del hombre se expresa en el asentimiento de la fe a la Palabra de Dios que lo invita a la conversión, y en la cooperación de la caridad al impulso del Espíritu Santo que lo previene y lo custodia" (§1993). En otras palabras, en lugar de ser una declaración legal definitiva, se cree que la justificación es un proceso que tiene la potencialidad de hacer a un hombre justo a través de un esfuerzo conjunto con Dios. Pero, ¿Es esto lo que la Biblia enseña?

En Romanos 5:1, Pablo habla de justificación en tiempo pasado. Él escribe: "Por tanto, *habiendo sido justificados por fe*, tenemos paz para con Dios por medio de nuestro Señor Jesucristo". Esto apunta a una realidad ya existente en la vida de un creyente. Pero no se detiene allí. Más tarde, en el capítulo 8, Pablo consuela al creyente al decir: "Ahora, pues, ninguna condenación hay para los que están en Cristo Jesús" (v. 1). No condenación—ira satisfecha, miedo eliminado, crisis evitada, paz con Dios. Sin embargo, él procede a instruir al creyente a "caminar según el Espíritu" (vv. 4-11), y de ese modo participar en el proceso de "hacer morir las obras de la carne" (vv. 12-13). Cuando seguimos el argumento de Pablo, vemos que la salvación del pecador (*justificación*) es una realidad para siempre, pero el trabajo del continuo crecimiento cristiano (*santificación*) es progresivo.

Al final de Romanos 8, Pablo describe este proceso de llegar a ser "conforme a la imagen del Hijo [de Dios]" (v. 29). Eso es la *santificación*: crecer en semejanza a la imagen de Cristo. Lo vemos en Romanos 12:2, según el cual los creyentes están siendo "transformados por la renovación de [su] mente". Además, se nos dice que estamos "contemplando como en un espejo la gloria del Señor" y, por lo tanto, "siendo transformado en la misma imagen de gloria en gloria" (2 Corintios 3:18). De hecho, como cristianos, debemos buscar la "santificación sin la cual nadie verá al Señor" (Hebreos 12:14).

Pero incluso la santificación no se logra a través del esfuerzo humano solo. Pablo reprende a los Gálatas por tratar de santificarse aparte de la obra del Espíritu Santo (Gálatas 3:1-5). El mismo Espíritu que regenera al creyente para salvación también reside en ellos, obrando para afectarlos en su santificación. Juan Calvino dijo célebremente, "Al participar de él, nosotros... recibimos una doble gracia: a saber, que al ser reconciliados con Dios por la obra irreprensible de Cristo, podemos tener en el cielo en lugar de un juez a un Padre misericordioso; y en segundo lugar, que, santificados por el espíritu de Cristo, podemos cultivar la inocencia y pureza de la vida."[72]

Los problemas que surgen al confundir la justificación con la santificación son múltiples. Si la justificación no es definitiva, sino un proceso continuo, no puede haber una base segura para la salvación, ya que el futuro del creyente depende de su capacidad para realizar suficientes obras religiosas. Francamente, esto va en contra de la obra de expiación de Cristo en la cruz. Si un creyente puede justificarse gradualmente con el tiempo, entonces el grito de Jesús: "¡Consumado es!" No tiene sentido (ver Gálatas 2:21). En cambio, debemos entender que una persona es justificada por la fe en Jesucristo, que luego produce en ellos una vida de santificación; buenas obras que agradan a Dios (véase Efesios 2:10, Tito 2:14, 3:8, 1 Pedro 3:13). Para resumir: "Con respecto a la justificación, Cristo ha asegurado la justicia forense *para* el creyente; en la santificación, el Espíritu obra progresivamente la justicia práctica en el creyente"[73]. Y aunque trabajan juntas, en verdad son distintas.

---

[72] John Calvin, *Institutes of the Christian Religion*, 3.11.1. Citado en Michael Allen, "Sanctification, Perseverance, and Assurance," in ed. Matthew Barrett, *Reformation Theology: A Systematic Summary* (Wheaton: Crossway, 2017), 559.
[73] John MacArthur and Richard Mayhue, eds. *Biblical Doctrine: A Systematic Summary of Bible Truth* (Wheaton: Crossway, 2017), 632.

La justificación es contingente sobre una justicia ajena

La tercera característica de la comprensión protestante de la justificación es la noción de que los creyentes son justificados por Dios, no basados en su propia justicia, sino una justicia que existe fuera de ellos mismos: una justicia "ajena". Una de las frases clave que se repitieron durante la Reforma fue *simul iustus et peccator* ("justo y pecador al mismo tiempo"). Romanos 5 es claro en que Dios justifica a las personas incluso "mientras [todavía] son pecadores" (v. 8); "Mientras [ellos] eran enemigos" (v. 10). Además, a pesar de que el pecador está justificado, continuará luchando contra el pecado por el resto de su vida terrenal, sin embargo, no pierden su estado justificado ante Dios (véase Juan 10:26-29; Rom 8:29-39). Ellos viviendo habiendo sido justificados por Dios, pero al mismo tiempo, luchando contra los vestigios de su naturaleza pecaminosa.

Para Roma, esta era una noción absurda. No podían entender la idea de que una persona sea pecaminosa y justa. En cambio, se aferraron a la creencia de que la justicia de Cristo podía *infundirse* en el creyente al participar de los sacramentos; que ellos podían convertirse en justos y así ser justificados. Sin embargo, la Biblia declara explícitamente que "no hay justo" (Romanos 3:10), ni podría alguien convertirse en justo por sus propios esfuerzos (véase Romanos 10:3). Pero Lutero y los Reformadores entendieron que esta era una misteriosa realidad bíblica. Y fue posible gracias a la *imputación de la justicia*.

Pablo explica que Dios "Al que no conoció pecado, por nosotros lo hizo pecado, para que nosotros fuésemos hechos justicia de Dios en él" (2 Corintios 5:21). Jesucristo, el Justo, llevó a cabo una vida de perfecta e impecable obediencia al Padre (Lucas 23:47, Hebreos 4:15, 7:26, etc.). Al mismo tiempo, toda la humanidad "ha pecado y está destituida de la gloria de Dios" (Romanos 3:23). En la cruz, Dios representa un fenómeno tan provocativo, tan escandaloso y tan loco (1 Corintios 1:18ss), que es difícil de comprender. La justicia de Jesús es acreditada (o *imputada*) al pecador, mientras que la condena del pecador recae sobre Cristo. Una vez que se tramita, Jesús es castigado en el lugar del pecador; el pecador es declarado justo basado en los méritos de Cristo. Se ha dicho que, cuando Dios mira a Cristo en la cruz, ve nuestro pecado; pero cuando nos mira, ve la justicia de Cristo. En comentarios sobre la imputación, Lutero escribe:

> Este es ese misterio que es rico en gracia divina para los pecadores, en el cual mediante un intercambio maravilloso nuestros pecados ya no son nuestros, sino de Cristo, y la justicia de Cristo no es de Cristo sino nuestra. Él se ha vaciado a sí mismo de su

justicia para poder vestirnos con ella; llenarnos con ella; él ha tomado nuestros males sobre sí mismo para librarnos de ellos.[74] Este "gran intercambio" realizado por Dios sirve como base para justificar al pecador. De hecho, es la única forma legal en que se le permite a Dios aceptar a los pecadores en el cielo, a través de los méritos de Cristo. Como vimos anteriormente, la salvación es "solo por gracia" (*sola gratia*) porque la humanidad pecaminosa es completamente incapaz de hacer el bien. No tenemos ninguna justicia inherente que sea agradable a Dios (Isaías 64:6, Romanos 8:7). Necesitamos una justicia que exista fuera de nosotros mismos: una justicia "ajena"; una justicia que solo Jesucristo puede proveer.

Lutero explica,

[Un cristiano] es justo y santo por una santidad extraña o extranjera... es decir, es justo por la misericordia y la gracia de Dios. Esta misericordia y gracia no es algo humano; no es un tipo de disposición o calidad del corazón. Es una bendición divina, dada por el verdadero conocimiento del Evangelio, cuando sabemos o creemos que nuestros pecados han sido perdonados por la gracia y

---

[74] Johnson, *The Case for Traditional Protestantism*, 91.

méritos de Cristo... ¿No es esta justicia una justicia ajena? Consiste completamente en la indulgencia de otro y es un regalo puro de Dios, que muestra misericordia y favor para la gloria de Cristo.[75]

Los cristianos son aquellos declarados justos por Dios, aunque ellos mismos no son justos. "Los pecados permanecen en nosotros, y Dios los odia mucho", dijo Lutero. "A causa de ellos es necesario que tengamos la imputación de la justicia, que viene a nosotros a causa de Cristo, quien nos es dado y asido por nuestra fe"[76]. Es una realidad asombrosa, y es todo por gracia.

Juan Calvino dijo:

Un hombre será justificado por la fe cuando, excluido de la justicia por obras, por la fe se apodere de la justicia de Cristo, y revestido de ella aparezca a los ojos de Dios no como un pecador, sino como justo. Por lo tanto, simplemente interpretamos la justificación, como la aceptación con que Dios nos recibe a su favor como si fuéramos justos; y decimos que esta justificación

---

[75] Sproul, *Faith Alone*, 91.
[76] Citado en Thomas Schreiner, *Faith Alone: The Doctrine of Justification* (Grand Rapids: Zoncervan, 2015), 47.

consiste en el perdón de pecados y la imputación de la justicia de Cristo.[77]

¿Cómo respondió Roma a estas declaraciones audaces de la verdad bíblica? ¿Vendrían a abrazar la comprensión protestante de la justificación por la fe?

La respuesta de Roma a *Sola Fide*

En la Confesión de Augsburgo (1530), la primera confesión de fe protestante, los Reformadores declararon audazmente su fe inquebrantable en la *sola fide*. En la Confesión, Phillip Melanchthon escribió:

> El hombre no puede justificarse ante Dios por su propia fuerza, méritos u obras, sino que es justificado libremente por causa de Cristo, mediante la fe, cuando creen que son recibidos en favor, y que sus pecados son perdonados por causa de Cristo, quien, por su muerte, ha satisfecho la pena por nuestros pecados. Esta fe es imputa por Dios para justicia a sus ojos.[78]

Con la oposición creciendo, Roma hizo un movimiento decisivo. En lugar de considerar las reformas propuestas, respondieron con su propia

---

[77] John Calvin, *Institutes of the Christian Religion*, trans. Henry Beveridge (1845; Peabody: Hendrickson, 2008), 3.11.2, 475.
[78] Articulo IV, traducido por Gerhard Friedrich Bente.

Contrarreforma. De 1545 a 1563, líderes Católicos se reunieron en el norte de Italia para discutir los puntos de disputa planteados por los Reformadores. Al final, emitieron una variedad de decretos y cánones dogmáticos, que incluirían el pronunciamiento de treinta y tres maldiciones sobre los puntos de vista disidentes de la doctrina de la justificación.

Durante su sexta sesión, ellos pronunciaron "anatemas" (maldiciones) sobre aquellos que abogarían por la *sola fide*:

Si alguno dice, que solo por fe el impío es justificado; de manera tal que signifique que no se requiere nada más para cooperar a fin de obtener la gracia de la Justificación, y que no es en modo alguno necesario, que esté preparado y dispuesto por el movimiento de su propia voluntad; que sea anatema (Canon 9).

Si alguien dice, esa fe justificadora no es otra cosa que la confianza en la misericordia divina que remite los pecados por causa de Cristo; o, que solo esta confianza es aquella por la cual somos justificados; que sea anatema (Canon 12).

Estos cánones y otros sirvieron para redoblar la posición de Roma, y efectivamente anatematizar a aquellos que mantendrían *la justificación solo por la fe aparte de las obras*. Lo que es tristemente irónico, sin embargo, es el hecho de que Roma anatematizó la misma doctrina enseñada por el apóstol Pablo en Romanos 3 y Gálatas 2, a lo que Pablo se refiere como *su evangelio*. Y en Gálatas 1:8-9, Pablo pronuncia su propia maldición sobre aquellos que enseñarían un evangelio contrario a lo que él mismo enseñó. Al rechazar la doctrina de la *justificación solo por fe*, Roma se colocó bajo la maldición del apóstol Pablo.

Incluso hoy, a pesar de los cambios radicales realizados en la década de 1960 con Vaticano II, ni un solo canon de Trento fue derogado; ni una palabra de ningún decreto cambió. De hecho, cuatrocientos años más tarde, cuando le preguntaron al Papa Juan XXIII acerca de los decretos, afirmó: "Lo que era, todavía es".

¿Cómo una persona se reconcilia con Dios?

Esto nos lleva de vuelta a nuestra pregunta principal: *¿Cómo se reconcilia una persona con Dios?* Una persona debe darse cuenta que ha pecado contra un Dios santo, y que la paga de ese pecado es la muerte (Romanos 6:23). Sin embargo, Dios ha hecho un camino, por Su gracia, para salvar al pecador; no basado en nada justo que hayan hecho, sino por la justicia adquirida y perteneciente a Jesucristo. Por fe, el pecador debe creer que Jesús fue a la cruz y murió en su lugar, el inocente de los culpables. Por fe (y mediante el arrepentimiento), el pecador debe creer que la pena por su vida de pecado fue quitada y puesta sobre Cristo. Por la fe, el pecador debe creer que la justicia perfecta de Cristo fue acreditada a su cuenta por Dios. Este "gran intercambio" fue hecho por Dios; una declaración legal, en la que mira a Cristo en la cruz y declara: "¡Maldito!", y mira al pecador y declara: "¡Justificado!" Esto es lo que significa ser *justificado por la fe, aparte de las obras*.

Su importancia no puede ser exagerada. Está en el corazón del evangelio, que es la única forma en que los pecadores pueden ser justificados ante Dios. Martin Lutero afirmó: "Si el artículo de justificación se pierde, toda la doctrina cristiana está perdida a su vez."[79]

Porque sostenemos que una persona no es justificada ante Dios en base a su observancia religiosa, o sus actos de bondad, o su piedad, o su abnegación, o su autojustificación. La única forma en que podemos tener una posición correcta ante Dios es ser justificados solo por su gracia a través solamente de la fe.

En otras palabras, *sola gratia; sola fide*.

---

[79] Sproul, *Faith Alone*, 84.

"Yo soy el camino, y la verdad, y la vida. Nadie viene al Padre sino por mí."

~ *Juan 14:6*

5

Solus Christus
(Solamente Cristo)

Al examinar nuestra pregunta principal: *¿Cómo una persona se reconcilia con Dios?* notamos que uno debe ser justificado (declarado justo) solo por la fe en Jesucristo. Esa es la esencia de *sola gratia* y *sola fide*. Sin embargo, los Reformadores se propusieron abordar el tema de la *suficiencia* del trabajo de Cristo. ¿Se necesita algo más? ¿Algo más que deba hacerse? Para dar una respuesta definitiva, declararon: *solus Christus*: "solamente Cristo".

Ulrico Zwinglio y la Reforma suiza

En una asombrosa providencia de Dios, tanto las Reformas alemanas como las suizas comenzaron de forma simultánea, pero independientemente la una de la otra. Mientras que Martín Lutero ha pasado a la historia como el famoso héroe del movimiento protestante, la vida y el ministerio de Ulrico Zwinglio (1484-1531)[80] no es menos significativa.

---

[80] También es conocido como Huldrych Zwingli

En 1516, cuando el Nuevo Testamento Griego de Erasmo apareció por primera vez impreso, Zwinglio devoró el texto, comprometiéndose a memorizar todas las Epístolas Paulinas, habiéndolas copiado palabra por palabra.[81] Zwinglio se enamoró del texto bíblico, cautivado por la Palabra de Dios. Aunque comenzó su ministerio como sacerdote Católico Romano, no permaneció como siervo de Roma. El 1 de enero de 1519, fue llamado a la gran Iglesia Minster en Zurich, Suiza. Inmediatamente, él informó a su congregación que no estaría entregando los sermones "enlatados" normales dictados por el leccionario tradicional, sino que predicaría a través del Evangelio de Mateo. Zwinglio trabajó agresivamente, predicando a través de Mateo, Hechos 1 y 2 Timoteo, Gálatas, 1 y 2 Pedro, y así sucesivamente hasta que completó el Nuevo Testamento en 1525. Su devoción a la Biblia sentaría un precedente, por el cual la predicación expositiva sería establecida como una práctica fundamental en la Reforma.

Un compromiso cada vez más profundo con la predicación expositiva rápidamente reveló una plétora de problemas con la teología y la práctica del Catolicismo Romano. Mientras crecía en audacia y celo,

---

[81] Timothy George, *Theology of the Reformers* (Nashville: B&H, 2013), 116.

Zwinglio lanzó su primer ataque contra las prácticas de la Iglesia en 1522, específicamente en la costumbre del ayuno durante la Cuaresma. Poco después, fue detrás de la exhibición de imágenes religiosas en los edificios de la iglesia. En agosto de 1523, escribió, *Un ataque al Canon de la misa*, pidiendo su eliminación. El ataque a la misa sumió a Zwinglio y todo Zurich en un gran alboroto, y pronto debatió con el obispo de Constanza, finalmente ganando a los magistrados locales. Posteriormente, el 12 de abril de 1525, la misa fue efectivamente abolida en Zurich.

La base de la fuerte oposición de Zuinglio al dogma Católico Romano estaba enraizada en su exaltada visión de la Escritura y su ferviente amor por Jesucristo. Vio la veneración generalizada de imágenes y reliquias como nada menos que idolatría: un asalto por completo de la gloria de Cristo. Timothy George señala: "Nadie predicó *solus Christus* con más fuerza que él"[82], como proclamó el mismo Zwinglio, "Cristo es el único camino a la salvación para todos los que alguna vez fueron, son y serán."[83] Y creía que el Catolicismo Romano era el epítome de anti-evangelio.

En respuesta a las enseñanzas de Zwinglio, las iglesias en Zurich fueron vaciadas de todas sus reliquias religiosas, imágenes y parafernalia

---

[82] Ibid., 129.
[83] Citado en George, *Theology of the Reformers*, 124.

católica. Las ventanas se rompieron, los órganos de tubos se quitaron, los altares se derribaron. En una carta al emperador Carlos V, Johann Eck describió el estado de las iglesias suizas: "Los altares son destruidos y derribados, las imágenes de los santos y las pinturas se queman, rompen o desfiguran... Ya no tienen iglesias sino establos."[84] Pero a Zwinglio no le importaba la antigua gloria de los edificios de la iglesia; él solo se preocupó por la gloria de Cristo. Al comentar sobre su guerra contra la idolatría, confesó: "Llamo a mi rebaño a alejarse absolutamente, tanto como pueda, de la esperanza en cualquier ser creado a la esperanza en el único Dios verdadero y a Jesús, su Hijo unigénito."[85]

En este momento, toda Europa conocía el nombre de Martín Lutero. Y Zwinglio admiraba mucho a Lutero y a los otros Reformadores, incluso refiriéndose a él como un "Elias" en sus debates contra Johann Eck en Leipzig.[86] A pesar de su admiración por el Reformador Alemán, Zwingli insistió, "No aprendí mi doctrina de Lutero, sino de la mismísima Palabra de Dios."[87] Al principio, Lutero y Zwinglio eran aliados, incluso se escribían de ida y vuelta. Pero pronto, el desacuerdo surgió entre ellos.

---

[84] Ibid., 135.
[85] Ibid., 125.
[86] George, *Theology of the Reformers*, 117.
[87] Ibid.

Aunque estuvieron de acuerdo en muchos puntos importantes de la doctrina, su mayor disputa fue sobre el significado de la Cena del Señor. Ambos hombres se atacaron ferozmente el uno al otro, debatiendo el tema en la plaza pública.

Finalmente, en un esfuerzo por lograr una tregua, el Príncipe Felipe de Hesse intentó negociar una paz entre los dos hombres. En 1529, ambos hombres junto con sus asociados se reunieron en Marburg, Alemania. Después de tres días de discusión y debate, emergieron unidos en catorce puntos principales de doctrina. Sin embargo, el último tema que se discutirá, la Cena del Señor, los dejó divididos. Lutero, aunque negaba la doctrina Católica Romana de la transubstanciación, desarrolló la idea de la consubstanciación, la creencia de que Cristo estaba espiritualmente presente con los elementos sacramentales del pan y el vino. Zwinglio, por otro lado, sostuvo que las palabras de Jesús, "Este es mi cuerpo" (Mateo 26:26, etc.) estaban destinadas a ser tomadas figurativamente. Su punto de vista era que la Cena del Señor era una conmemoración memorial o simbólica, simplemente significaba el cuerpo y la sangre de Cristo. Ambos no pudieron convencer al otro de su posición. El último día, mientras Lutero se levantaba para salir de la reunión, Zwingli gritaba llorando: "No hay gente en la tierra con quien yo preferiría estar en armonía que con los

Wittenbergers."[88] Tristemente, los dos nunca se reconciliarían. Zwinglio moriría en el campo de batalla dos años más tarde, en 1531, como capellán del ejército suizo.

A pesar de la disputa entre Lutero y Zwinglio, así como algunas de las opiniones y prácticas radicales de Zwinglio, tenemos un ejemplo de un creyente serio, paralizado en la gloria de Cristo. Además, su creencia en *solus Christus* (salvación "solo en Cristo") sin duda surgió de su creencia en *sola Scriptura*. Él mantuvo,

> Sabemos por el Antiguo y el Nuevo Testamento de Dios que nuestro único consolador, redentor, salvador y mediador con Dios es Jesucristo, en quien, y mediante quien solamente podemos obtener gracia, ayuda y salvación, lo que no puede hacer ningún otro ser en el cielo o en la tierra.[89]

Y así, al seguir su ejemplo, buscamos contemplar la gloria de Cristo mostrada en la Palabra de Dios.

---

[88] S.M. Houghton, *Sketches in Church History: An Illustrated Account of 20 Centuries of Christ's Power* (Edinburgh: Banner of Truth Trust, 1980), 100.
[89] Citado en George, *Theology of the Reformers*, 134.

Jesucristo: Nuestro Señor y Salvador

Jesús proclamó que las Escrituras "dan testimonio de mí" (Juan 5:39). Para nosotros, entendemos la persona y la obra de Jesucristo a través de nuestra comprensión de la Palabra de Dios (véase Lucas 24:27). Mientras se podrían escribir volúmenes inagotables sobre Cristo (Juan 21:25), para nuestros propósitos, daremos una breve mirada a *quién es Él* y *lo que ha hecho*.

Su Persona: ¿Quién es?

En el prólogo de Juan (Juan 1:1-18), nos enfrentamos de inmediato con la magnífica realidad de que Jesucristo (llamado, "El Verbo" en los versículos 1 y 14) es *pre-existente* y *co-substancial* con Dios el Padre; Él es el *co-creador* del universo (véase Col. 1:15-18), y la *fuente* de toda la luz y la vida. En resumen, Él es Dios mismo; la segunda persona de la Trinidad Pero luego, leemos que Él "se hizo carne y habitó entre nosotros" (v. 14). Lo infinito se hizo finito; la deidad tomó forma humana (Filipenses 2:7). Sin embargo, entendemos que posee dos naturalezas en una, *deidad y humanidad*.

Leemos en el Evangelio de Mateo y Lucas que Jesús nació de la Virgen María. Y mientras, según Romanos 5:12, el pecado y la muerte se transmiten a toda la humanidad a través de Adán, en el caso de Jesús, "nacido del Espíritu Santo" (Mateo 1:18), no fue concebido en pecado. Jesús no nació con una naturaleza pecaminosa, ni cometió pecados durante su vida (2 Corintios 5:21, 1 Pedro 2:22, 1 Juan 3:5). Pero aparte de nacer sin pecado, Jesús era humano en todos los sentidos. Los Evangelios apuntan a su humanidad: trabajó, sudó, comió, durmió, rió, lloró, sangró, murió, etc. Jesús era humano.

Pero Él también era Dios.

Una y otra vez, las Escrituras nos enseñan acerca de la deidad de Cristo. Jesús es superior a los ángeles (Hebreos 1:5-14), trascendente sobre toda la creación; Él es El no creado. En Juan 8:58, Jesús proclama: "Antes que Abraham fuese, YO SOY", invocando el nombre de Dios dado en el Antiguo Testamento. En Juan 10:30, Jesús clama igualdad con Dios; "Yo y el Padre uno somos". Sorprende a los líderes religiosos en Marcos 2, cuando declara que puede perdonar pecados, un acto reservado solo para Dios (v. 7). Él habló con la autoridad de Dios (Mateo 7:29). Él demostró el poder de Dios (Marcos 4:36-41; etc.). Fue adorado como Dios (Mateo 2:2, 11, 14:33, Juan 9:35-38). Y cuando Tomás vuelve a ver a Jesús después de la Resurrección, cae de rodillas y declara: "Mi Señor y Dios mío" (Juan 20:28). Tito 2:13 llama a Jesús, "nuestro gran Dios y Salvador".

Jesús es el Dios-hombre: Dios en carne humana. Y vino a la tierra en una misión.

Su obra: lo que ha hecho

Mientras estuvo en la tierra, Jesús de Nazaret vivió como un hombre, indistinguible de cualquier otro hombre vivo, excepto que nunca trasgredió la ley de Dios. Él obedeció todas las reglas, cumplió cada mandamiento, completó cada tarea; perfectamente. Él nunca pecó por comisión o por omisión. Él nunca dijo una palabra de odio, nunca pensó un pensamiento malvado. Él solo hizo lo recto. De hecho, Él es el único en la historia de la humanidad en hacerlo. Él logró una vida perfectamente recta, y el Padre estaba complacido (Mateo 3:17; 17:5; Juan 8:29). Esto es lo que los estudiosos llaman su *obediencia activa*. Si Jesús ascendiera al cielo al final de su vida, habría sido bienvenido por sus propios méritos. Pero sabemos que Jesús vino a hacer más; Él vino a dar su vida por muchos.

Los líderes judíos, en alianza con los Romanos, arrestaron a Jesús, lo juzgaron por blasfemia, lo azotaron severamente y lo enviaron a su muerte; muerte en una cruz Romana. Sin embargo, Jesús declaró: "Nadie me quita la vida, sino que yo de mí mismo la pongo. Tengo poder para ponerla, y tengo poder para volverla a tomar" (Juan 10:18). Entonces,

Jesús voluntariamente se ofreció a morir. ¿Pero por qué? Porque a través de su muerte, lograría una obra que nadie más podría lograr.

Primero, Jesús realizó la labor de *sustitución*. Él murió *en el lugar de* los pecadores. Isaías, hablando de Jesús, profetizó que el Mesías sería "traspasado *por* nuestras transgresiones" y "aplastado *por* nuestras iniquidades" (53:5). Pedro escribe: "Él mismo cargó con nuestros pecados en su cuerpo sobre el madero, para que nosotros pudiéramos morir al pecado y vivir para la justicia" (1 Pet. 2:24). Como dice Pablo cuando Cristo asumió nuestro castigo: "[Él] que no conoció pecado, por nosotros se hizo pecado, para que nosotros fuésemos hechos justicia de Dios en él" (2 Corintios 5:21). En resumen, Jesús murió en nuestro lugar, como un sustituto.

Segundo, Jesús realizó la obra de *redención*. A través de la muerte de Cristo en la cruz, Él pagó un rescate al Padre por nosotros (Marcos 10:45). Él nos redimió. En 1 Corintios 6:20, aprendemos que "hemos sido comprados por un precio". Debíamos una deuda de pecado a Dios que no podíamos pagar; el único resultado era el castigo eterno en el infierno. Pero Jesús pagó nuestra multa—"nos redimió de la maldición de la Ley" (Gálatas 3:13), asegurando así nuestra libertad (Juan 8:36, Romanos 8:2). Por lo tanto, Él nos ha rescatado; Él nos ha redimido.

Tercero, Jesús realizó la obra de *propiciación*. Mientras esta palabra no se usa comúnmente en la lengua vernácula cotidiana, sabemos por las Escrituras que tiene que ver con la satisfacción de la justicia de Dios, incluida la ira de Dios contra el pecador (1 Juan 2:2; 4:10). El sacrificio expiatorio de Cristo fue agradable a Dios, ya que Dios pudo justificar al pecador "por la redención que es en Cristo Jesús" (Romanos 3:24). Mientras que la sangre de toros y machos cabríos era incapaz de satisfacer la ira de Dios contra el pecado (Hebreos 9:12; 10:1-4), el sacrificio de Jesucristo fue suficiente.

Cuarto, Jesús logró *el perdón* de los pecados. Todos los sacrificios, todas las oraciones, todo el ayuno, todo el auto-desprecio y todas las buenas obras en el mundo no pueden lograr el perdón de los pecados. Solo la muerte de Cristo puede eliminar la culpa del pecado (*expiación*) y reconciliarnos con Dios. Debido a Cristo, Dios nos ha "perdonado todas nuestras transgresiones" (Col. 2:13).

En quinto lugar, Jesús produjo nuestra *justificación*. En la cruz, Cristo quitó la pena de nuestra deuda de pecado (Col. 2:14), y fue juzgado. Al mismo tiempo, su justicia fue imputada al pecador como un don por fe (2 Corintios 5:21). Por Cristo y *solo por Cristo*: Dios puede perdonar al pecador, y así declararlos justificados.

Además, su resurrección de la tumba en el tercer día ha proporcionado: la prueba de que Dios ha aceptado su sacrificio (Romanos 3:25, ver Isaías 53:10), la esperanza de nuestra propia regeneración (1 Pedro 1:3), esperanza de nuestra justificación (Romanos 4:25), un modelo de nuestra futura resurrección corporal (1 Corintios 6:14), y el poder que se le otorga al creyente para vivir rectamente (Romanos 6:10-11; 8:11-13). En resumen, la resurrección de Jesucristo trae nueva vida a todos los que creen en esta vida presente y en la vida venidera.

El testimonio de la Escritura es innegable. Ningún otro medio o método, ningún otro agente o salvador puede proporcionar la redención, la salvación, la regeneración, la justificación y la resurrección necesarias para el creyente. Únicamente Cristo y Cristo solamente.

Sin embargo, los Reformadores reconocieron que el sistema católico romano presentaba muchas afrentas a la obra de Cristo; oposición que necesitaba ser contrarrestada para preservar el verdadero evangelio bíblico.

Afrentas a *Solus Christus*

El Catolicismo Romano es un sistema complejo, lleno de matices. Y aunque los protestantes tanto como los católicos afirman que la salvación es a través de Jesucristo, el Catolicismo no afirma que proviene de Cristo.

Por el contrario, enseñan que existe un número de personas y procesos que ayudan en la salvación del creyente.

La Misa

Según el *Catecismo de la Iglesia Católica*, "El sacrificio de Cristo y el sacrificio de la Eucaristía son un solo sacrificio: en este sacrificio divino que se celebra en la Misa, el mismo Cristo que se ofreció una vez de manera sangrienta en el altar de la cruz está contenida y se ofrece de manera no sangrienta" (§1367). Durante el servicio de adoración, de la misa, se cree que el pan y el vino (Eucaristía) se transforman en el cuerpo y la sangre "vivientes y gloriosos" de Jesucristo. Lo que se conoce como la doctrina de la *transubstanciación,* enseña que Cristo "está presente de una manera verdadera, real y sustancial: su Cuerpo y su Sangre, con su alma y su divinidad" (§1413). Bajo el mandato del sacerdote, el pan y el vino se transforman en Cristo, en donde se ofrece nuevamente como sacrificio por el pecado.

Sin embargo, Hebreos 9:26 nos dice que Cristo ya apareció para "quitar el pecado por el sacrificio de Sí mismo," y "habiendo ofrecido un solo sacrificio por los pecados de todos los tiempos, se sentó a la diestra de Dios" (10:12). La Biblia enseña que el sacrificio de Cristo una vez-para-siempre es suficiente para expiar todos los pecados: pasado, presente y futuro. Además, las palabras finales de Jesús en la cruz fueron: "Consumado es" (Juan 19:30): un grito de logro definitivo. El sistema de sacrificio establecido en Levítico fue descartado, no se necesitarían otros sacrificios.

¿Qué pasa cuando Jesús declaró que los creyentes debían "comer [su] carne y beber [su] sangre" en Juan 6? La respuesta obvia es que Jesús estaba hablando metafóricamente, ya que a los judíos se les prohibía beber sangre, ¡ciertamente sangre humana! Más bien, Jesús estaba hablando de la intimidad de la comunión que los creyentes necesitaban tener con Él; la estrecha intimidad de comer y beber. En otra parte, Jesús usó otras metáforas, proclamando, "Yo soy la luz del mundo" (Juan 8:12), "Yo soy la puerta" (Juan 10:7, 9), "Yo soy el buen pastor" (Juan 10:11, 14), "Yo soy la resurrección y la vida" (Juan 11:25); También afirmó: "Yo soy el pan de la vida" (Juan 6:35) y los creyentes debían participar en estrecha comunión con él.

Pero incluso si el pan y el vino se convirtieran mágicamente en el cuerpo y la sangre literales de Jesucristo para ser ofrecidos "de una manera no sangrienta", el sacrificio en sí sería aún insuficiente, como dice Hebreos 9:22, "todas las cosas se limpian con sangre, y sin derramamiento de sangre no hay remisión de pecados." Incluso si la transubstanciación fuera posible, no se podría limpiar ni un solo pecado. Porque ni siquiera "la sangre de toros y machos cabríos" es suficiente (Hebreos 10:4); solo el sacrificio único y suficiente del Salvador perfecto en la cruz del Calvario puede proporcionar expiación verdadera.

Los Santos y el 'Tesoro del Mérito'

Una de las prácticas más comunes de los católicos es suplicar la ayuda de los santos que han fallecido, con la esperanza de obtener la gracia a través de los beneficios de sus obras extras. Sin embargo, si entendemos que "ninguno es justo" (Romanos 3:10; ver Isaías 64:6), y que la única justicia disponible para el creyente es la justicia imputada de Cristo, entonces todo el "mérito" que posee los santos de la historia de la iglesia no son suyos; todo pertenece a Cristo, porque las buenas obras hechas se hacen en Cristo (Efesios 2:10, ver 1 Corintios 6:19-20). Y entonces, acceder a un "tesoro de mérito" es simplemente acceder a un pozo infinito de la justicia de Cristo; y ninguna otra persona puede agregarle su propia rectitud. Por lo tanto, rezar a los santos es un error, pedir su intercesión es inútil, y tratar de sacar del tesoro de sus buenas obras es imposible.

María: ¿Otro Salvador?

Junto al Señor Jesucristo, se cree que la Virgen María posee autoridad para garantizar que los creyentes entren al cielo. El dogma católico enseña que María nació "preservada inmune a toda mancha de pecado original"

(§491), que milagrosamente fue asumida en el cielo sin morir (§966), y actualmente intercede por la Iglesia, trayendo "los dones de la eterna salvación "para los creyentes, y funciona como nuestra" Abogado, Ayudadora, Benefactora y Mediadora" (§969).

Pero las Escrituras no enseñan nada de eso. Mientras que María fue bendecida con la alegría de llevar al Señor Jesucristo, ella no es diferente de cualquier otro creyente. En Lucas 1:46-55, vemos la sumisión total de María al Señor, mientras se prepara para dar a luz a Jesús. Sin embargo, rara vez se la menciona a través del Nuevo Testamento, y apareció por última vez en Hechos 1:14, antes de desaparecer de las páginas de las Escrituras. En ninguna parte de los Hechos ni en las Epístolas se enseña que ella no tenía pecado, o que se la habían llevado al cielo, o que tenía alguna parte en la obra de salvación. Ella no es mencionada en las epístolas de Pablo o Juan, ni la iglesia primitiva enseñó que María tenía un papel en la salvación o la intercesión. Creer que María es una especie de co-redentora es falso en el mejor de los casos, blasfemo en el peor.

El Papa

La Iglesia Católica Romana enseña que sus sacerdotes sirven como mediadores para absolver de pecado mediante la administración de los sacramentos. Y sentado a la cima de toda orden está el Papa. Como vimos anteriormente, se cree que cuando el Papa habla *ex cátedra* él está hablando por Dios, y por lo tanto, él es infalible. Pero más allá de simplemente afirmar que habla por Dios, se cree que él también actúa como representante de Cristo. De acuerdo con su *Catecismo*, "el Pontífice Romano, por su cargo como Vicario de Cristo, y como pastor de toda la Iglesia tiene poder completo, supremo y universal sobre toda la Iglesia, un poder que siempre puede ejercer sin impedimentos" (§882). Examinemos algunas de estas afirmaciones.

Se dice que el Papa es el *Vicario de Cristo* en la tierra, es decir, que es el sustituto o representante de Cristo. La creencia es que, cuando Jesús ascendió al cielo, dejó a Pedro como el primer Papa (seguido de la sucesión papal) para servir en Su lugar como líder de la Iglesia. Pero este dogma está plagado de problemas. Martín Lutero explica,

> Vea cuán diferente es Cristo de sus sucesores, aunque todos desearían ser sus vicarios. Temo que la mayoría de ellos han sido excesiva y literalmente sus vicarios. Un hombre es vicario solo cuando su superior está ausente. Si el Papa gobierna, mientras Cristo está ausente y no mora en su corazón, ¿qué otra cosa es sino un vicario de Cristo? ¿Qué es la iglesia bajo tal vicario sino una masa de personas sin Cristo? De hecho, ¿qué es tal vicario

sino un anticristo y un ídolo? Cuánto más apropiadamente los apóstoles se llamaron a sí mismos siervos del Cristo presente y no vicarios de un Cristo ausente.[90]

En otras palabras, la presencia de un vicario humano, o sustituto, solo sería probable si Cristo no estuviera presente en Su iglesia. Pero en Juan 14, Jesús específicamente les dice a los discípulos: "Pediré al Padre, y Él te dará otro Ayudador [*paraklētos*: consolador, consejero, exhortador, intercesor, animador y defensor[91]], para que Él esté con ustedes para siempre; es decir, el Espíritu de verdad" (vv. 16-17a; ver Juan 16:7-15). En el lugar del Hijo, el Padre enviaría el Espíritu Santo. Jesús continúa, "Lo conocen porque él permanece con ustedes, y *estará en ustedes*" (v. 17b, énfasis agregado). ¿Quién es el *Vicario de Cristo*, el sustituto que dirige la iglesia en su lugar? No es otro que el Espíritu Santo que mora en los miembros de la iglesia de Cristo.

También se dice que el Papa es el *Sumo Pontífice*. Derivado de la palabra latina *pontifex*, el término se refiere a un "puente" o "constructor de puentes". Históricamente, el término se usó para designar al César

---

[90] Martin Luther, "The Freedom of a Christian," in *Three Treatises* (Philadephia: Fortress, 1970), 275.
[91] John MacArthur, *John 12-21*. The MacArthur New Testament Commentary. (Chicago: Moody, 2008), 112.

Romano—*el pontifex maximus*—para describir a aquel que preside el gobierno del Santo Imperio Romano. En unos pocos siglos, esta posición de poder se transfirió al obispo de Roma, invistiéndolo así con los poderes supremos de dirigir la Iglesia y el Estado. Pero, ¿es el Pontífice Romano la verdadera cabeza de la iglesia, y el "puente" entre el cielo y la tierra?

Primera de Timoteo 2:5 nos dice que hay "un solo mediador entre Dios y los hombres, Jesucristo hombre" (véase Hebreos 7:25). Primera de Juan 2:1-2 dice: "tenemos un Abogado con el Padre", y no es un líder terrenal, es "Jesucristo, el justo". En Juan 1:51, Jesús dice ser la escalera en la visión de Jacob; el conector ["puente"] entre el cielo y la tierra. Él es el Mediador, el Abogado, el Puente. Además, Colosenses 1:18 nos dice que Cristo también es "la cabeza del cuerpo, la iglesia". Por tanto, Jesucristo es el *Sumo Pontífice*, si es que alguna vez hubo uno.

Por último, el líder supremo de la Iglesia Católica Romana se llama *El Papa*. La palabra "*papa*" proviene de la palabra latina papa, que significa "padre". Y cuando se dirigen a él, se le llama "el Santo Padre". Sin embargo, en su diatriba contra los fariseos, Jesús instruyó a sus discípulos". No llames a nadie en la tierra padre; porque uno es vuestro Padre, aquel que está en los cielos "(Mateo 23:9). Además, hablando de sí mismo, continuó: "Y no seáis llamados líderes; porque Uno es su Líder, es decir, Cristo" (v. 10). Jesús reprende a cualquiera que se refiriera a los líderes religiosos como "padre" o incluso "líder", sino que dice: "Pero el más grande entre ustedes será su servidor" (v. 11). Según Jesús, los líderes más grandes de la iglesia son aquellos que se humillan ante los demás, y no reclaman nada más que el título de "siervo" (véase Mt. 20:26; Filipenses 2:3-4).

Basado en el testimonio de la Escritura, es claro que los diversos títulos para, e incluso la existencia del Papa, explícitamente blasfeman a las Personas de la Trinidad: el Padre, el Hijo y el Espíritu Santo.[92] Según Ulrico Zwinglio, "Cristo es el único eterno sumo sacerdote, de lo cual se deduce que los que se han llamado a sí mismos sumos sacerdotes se han opuesto al honor y el poder de Cristo, sí, echenlo"[93]. Lutero fue aún más lejos:

> El Papa no es la cabeza de toda la cristiandad por derecho divino o según la palabra de Dios... [Más bien] el Papa es el verdadero Anticristo que se ha levantado y se ha enfrentado a Cristo, porque el Papa no permitirá que las personas se salven sino por su propio

---

[92] Este concepto de la blasfemia trinitaria se derivó de una entrevista con Phillip Jensen en la Conferencia *Together for the Gospel*. www.phillipjensen.com/video/mark-dever-interviews-phillip-jensen-at-together-for-the-gospel-2016/.

[93] Ulrich Zwingli, "The Sixty-Seven Articles (1523)," en Stephen Wellum, *Christ Alone: The Uniqueness of Jesus as Savior* (Grand Rapids: Zondervan, 2017), 268.

poder, que no es nada, ya que no está ni establecido ni ordenado por Dios. Esto es en realidad lo que San Pablo llama exaltarse uno mismo en contra de Dios.[94]

Pero no somos salvos mediante el trabajo de un anticristo. Somos salvos solo por el trabajo suficiente del verdadero Cristo.

Afirmando a *Solus Christus*

La marca distintiva de la teología de Martín Lutero fue lo que llamó "la teología de la cruz". En resumen, era una cosmovisión bíblica construida sobre la noción de que toda la vida, toda la teología, toda la existencia, todo nuestro conocimiento de Dios, y toda la salvación debe ser vista a través de la obra de Cristo en la cruz. De manera similar, el apóstol Pablo declaró: "Porque no he querido saber nada entre vosotros, sino a Jesucristo, y él a este crucificado" (1 Corintios 2:2).

Se trata de Cristo, y *solo de Cristo*.

Él es nuestro Profeta, Él es nuestro Sacerdote, y Él es nuestro Rey.

---

[94] Citado en Kim Riddlebarger, "Eschatology," in ed. Matthew Barrett, *Reformation Theology: A Systematic Summary* (Wheaton: Crossway, 2017), 736.

"Y en ningún otro hay salvación; porque no hay otro nombre bajo el cielo, dado a los hombres, en que podamos ser salvos." (Hechos 4:12).

La puerta al cielo es solo tan ancha como los hombros de Jesucristo; porque Él declaró: "Yo soy el camino, la verdad, y la vida; nadie viene al Padre, sino por mí "(Juan 14:6).

Afirmamos que Cristo "siendo el resplandor de [Su] gloria, y la imagen misma de su sustancia, y quien sustenta todas las cosas con la palabra de su poder, habiendo efectuado la purificación de nuestros pecados por medio de sí mismo, se sentó a la diestra de la Majestad en las alturas" (Hebreos 1:3, énfasis agregado).

No miramos a los salvadores terrenales, ni confiamos en la intercesión de los santos. Ni los *rituales religiosos, ni las oraciones piadosas, ni los sacrificios terrenales, ni las ofrendas extravagantes, ni los méritos humanos* pueden llevar a cabo la obra de salvación.

Solo Cristo y *Cristo solamente.*

Y al nombre de Jesús, toda rodilla se doblará y toda lengua confesará que Jesucristo es Señor y Salvador todo-suficiente, para la gloria de Dios el Padre. Amén.

"Porque de Él, por él y para él, son todas las cosas".
A Él sea la gloria por siempre. Amén."
~ Romanos 11:36

6

Soli Deo Gloria

(Solo a Dios la Gloria)

Todo el tiempo nos hemos estado preguntando: *¿Cómo se reconcilia una persona con Dios?* Hemos afirmado que, de acuerdo con la *sola Escritura*, la salvación es s*olo por la gracia de Dios* a través *solamente de la fe* solo en Cristo solo. Pero esta visión de la salvación centrada en Dios no tiene la intención de producir cristianos perezosos que se sienten y simplemente se regodeen con la idea de que han sido justificados por la fe, aparte de cualquier obra. No está destinado a producir una fe muerta que carece de obediencia (véase Santiago 2:14-26). Por el contrario, toda la vida cristiana existe con el propósito expreso de dar gloria a Dios. Sí, todas las cosas deben hacerse solo para la gloria de Dios: *Soli Deo Gloria*.

Juan Calvino y *Coram Deo*

Aparte de Martín Lutero, no hay un Reformador que haya tenido un mayor impacto en el cristianismo que Juan Calvino. En los primeros años de la Reforma Francesa, el Cardenal Sadoleto escribió una carta a los líderes en Ginebra, Suiza, rogándoles que regresaran a la Iglesia Católica Romana. Sería la respuesta escrita del joven Calvino lo que se haría eco en toda Europa. John Piper señala: "El problema [no] fue, primero, los puntos clave de la Reforma: la justificación, los abusos sacerdotales, transubstanciación, oraciones a los santos y la autoridad papal... Pero debajo de todos ellos, el tema fundamental para Juan Calvino... era el asunto de la *centralidad, supremacía y majestad de la gloria de Dios.*"[95] Esta seguiría siendo su preocupación durante toda su vida.

Juan Calvino nació en julio de 1509 en Picardy, Francia. A diferencia de Martín Lutero, quien desafió a su padre a seguir la teología en lugar de la ley, Calvino obedeció a su padre y dejó de estudiar teología para convertirse en abogado.[96] Al principio, Calvino se distinguió como un estudiante modelo, motivado y meticuloso. Y Dios usaría sus dones de una manera poderosa.

Mientras que muchos pueden rastrear su conversión a un momento distinto, la salvación de Calvino parece ser un despertar más gradual a las cosas de Dios. Por el propio testimonio de Calvino, Bruce Gordon señala que "había sido educado como cristiano, y que su conversión

---

[95] John Piper, *John Calvin and His Passion for the Majesty of God* (Wheaton: Crossway, 2009), 15-16.
[96] Timothy George, *Theology of the Reformers*. (Nashville: B&H, 2013), 178.

fue esencialmente un cambio de lealtad, de la Iglesia Católica Romana a la Palabra de Dios."[97] Sin embargo, él describe su propia conversión como "repentina," notando: "inmediatamente me inflamé con un deseo tan intenso de progresar allí, que aunque no dejé por completo otros estudios, sin embargo, los seguí con menos pasión."[98] Al darse cuenta de la gloria de Dios, lo haría articular su creencia de que toda la vida se vive *Coram Deo*, siempre y siempre "delante de Dios".

Poco después de convertirse en cristiano, Calvino se alineó con el esfuerzo de la Reforma en Francia. El 1 de noviembre de 1533, Nicholas Cop, un amigo de Calvino y rector de la Universidad de París, dio un sermón polémico contra la Iglesia Católica Romana que puso a la ciudad en un alboroto. Cop, junto con Calvino, que estaba en la audiencia, huiría de París y se dirigiría a la ciudad de Basilea. Fue allí donde Calvino comenzó a ministrar, y publicó la primera edición de sus *Institutos de la religión cristiana* en 1536. La obra vería cuatro revisiones más durante su vida, pero el propósito inicial de Calvino era que sirviese como un manual

---

[97] Bruce Gordon, *Calvin* (New Haven: Yale University Press, 2009), 33.
[98] Citado en Steven J. Lawson, *The Expository Genius of John Calvin*. A Long Line of Godly Men Profile. (Orlando: Reformation Trust, 2007), 8.

teológico para los ciudadanos franceses, aquellos, escribe, "a quienes veía ambrientos y sedientos de Cristo."[99]

En el verano de 1536, en un viaje a Estrasburgo, Calvino inesperadamente fue desviado a la ciudad de Ginebra, donde el Reformador de larga trayectoria Guillaume Farel le rogaría que permaneciera como líder de la iglesia en la ciudad. Al principio, Calvino declinó, pero Farel demostró ser demasiado persuasivo, y Calvin cedió, permaneciendo para ayudar con el trabajo. El escribe,

> Farel, que ardía con un celo extraordinario para lograr el avance del evangelio, de inmediato presionó cada nervio para detenerme. Y después de darse cuenta que en mi corazón estaba decidido a dedicarme a estudios privados, y al ver que las súplicas eran en vano, me dijo que Dios maldeciría mi retiro y la paz del estudio que buscaba, si me negaba a ayudarle cuando la necesidad era tan urgente. Estaba tan aterrorizado que abandoné el viaje que había planeado; pero era tan sensible de mi cautela y timidez natural, que no me obligaría a aceptar ningún oficio en particular.[100]

---

[99] Citado en George, *Theology of the Reformers*, 185.
[100] S.M. Houghton, *Sketches in Church History*. (Edinburgh: Banner of Truth Trust, 1980), 104-105.

Sin embargo, la antorcha pasaría más tarde de Farel a Calvino, quien pronto lideraría la Reforma, no solo en Ginebra, sino en todo el mundo conocido.

El trabajo en Ginebra fue desafiante y laborioso. A la luz del compromiso de las personas de vivir "de acuerdo con la ley del evangelio y la Palabra de Dios,"[101] Calvino insistió en que las personas no solo fuesen cristianas por profesión, sino también por acción. Después de todo, vivían *Coram Deo*, "ante Dios", sentados en medio del "teatro de la gloria divina"[102] de Dios. Pero muchos ginebrinos, a saber, los Libertinos, resentían los llamados de Calvino a la santidad, y tanto él como Farel fueron expulsados de la ciudad en 1538.

Desde Ginebra, Calvino fue invitado por Martín Bucer a Estrasburgo, donde pasaría tres alegres años. Mientras estaba en Estrasburgo, él pastorearía una iglesia, revisaría sus *Institutos*, comenzaría a escribir comentarios bíblicos y tomaría una esposa, una mujer encantadora llamada Idelette. La vida parecía perfecta en Estrasburgo, pero pronto, Ginebra regresaría arrastrándose hacia él.

---

[101] George, *Theology of the Reformers*, 186.
[102] [102] John Calvin, *Institutes of the Christian Religion*, 1.15.3. en David Vandrunen, *God's Glory Alone: The Majestic Heart of Christian Faith and Life* (Grand Rapids: Zondervan, 2015), 19.

Tras lamentar su decisión de destituirlo, los magistrados de Ginebra fueron tras Calvino y le rogaron que regresara como su pastor. Como antes, se mostró reacio a hacerlo, pero finalmente aceptó regresar. El 13 de septiembre de 1541, Juan Calvino volvió a Ginebra, donde se quedaría por el resto de su vida. El primer domingo desde su remoción, la gente esperaba una diatriba de él, pero Calvino simplemente caminó hasta el púlpito y comenzó a predicar desde el texto que había dejado tres años antes.

La vida en Ginebra tenía sus desafíos. Idelette dio a luz al único hijo de Calvino, que murió a las dos semanas de edad. Después de perder a su hijo, Calvino le escribió a su amigo, Pierre Viret: "El Señor ciertamente ha infligido una herida severa y amarga en la muerte de nuestro hijo. Pero Él mismo es un Padre y conoce mejor lo que es bueno para sus hijos."[103] Incluso en la muerte, Calvino se sometió al Señor. Unos pocos años después, Idelette murió de tuberculosis, dejando a Calvino como viudo. Sin embargo, Idelette tuvo otros dos hijos de su primer marido, por los que continuaría cuidando, así como algunos de sus propios

---

[103] Parker, *Portrait of Calvin*, 71 in John Piper, *John Calvin and His Passion for the Majesty of God* (Wheaton: Crossway, 2009), 36.

sobrinos y sobrinas de su hermano Antoine. En medio de todos los desafíos, Calvino se dedicó a sus estudios, a su iglesia y a su Señor.

Ginebra pronto se convirtió en la zona cero para la Reforma Protestante. A su regreso, Calvino elaboró una *Orden de Iglesia*, un conjunto de reglas para el gobierno de la iglesia. Esto serviría para gobernar toda la vida religiosa en la ciudad. Además de ministrar a su propia gente, sin embargo, Calvino ministró a los refugiados que huyeron a la ciudad desde otras partes de Europa. Ginebra se convirtió en el hogar temporal de John Knox de Escocia, así como de aproximadamente doscientos refugiados de Inglaterra. Los esfuerzos de la Reforma inglesa y escocesa fueron directamente influenciados por el ministerio de Ginebra.

1559 fue el año de la fundación de la Academia de Ginebra, así como la edición final de los *Institutos* de Calvino, aclamada como "la mayor exposición de la verdad evangélica producida por la Reforma."[104] Además, se publicó una nueva traducción de la Biblia en 1560, la Biblia de Ginebra, que serviría como la traducción favorita de los Reformadores y puritanos en los próximos 100 años. Calvino publicó comentarios sobre casi todos los libros del Nuevo Testamento, y varios sobre libros en el Antiguo

---

[104] B.K. Kuiper, *The Church in History* (Grand Rapids: Eerdmans, 1951), 191.

Testamento. Predicó más de 2.000 sermones en Ginebra, muchos de los cuales aún se encuentran publicados hoy.

En 1558, la salud de Calvino comenzó a disminuir, dejando a su discípulo, Theodore Beza, cargando gran parte del trabajo en Ginebra. Después de luchar contra muchos problemas de salud, Juan Calvino murió el 27 de mayo de 1564 a la edad de 54 años. En sus últimas palabras, mantuvo:

> Con respecto a mi doctrina, he enseñado fielmente y Dios me ha dado la gracia de escribir. Lo he hecho lo más fielmente posible y no he corrompido ni un solo pasaje de la Escritura, ni lo he torcido a sabiendas... Nunca he escrito nada por odio a nadie, sino que siempre he expuesto fielmente ante mí lo que consideraba ser la gloria de Dios.[105]

Mientras estaba lejos de ser un hombre perfecto, Juan Calvino lo dio todo para vivir fielmente ante Dios *Coram Deo*, y se esforzó por hacer todas las cosas solo para la gloria de Dios.

Pero, ¿De dónde sacó su creencia de que toda la vida debería ser para la gloria de Dios? De nada menos que las páginas de la Escritura.

---

[105] Quoted in George, *Theology of the Reformers*, 256.

La Gloria de Dios en las Escrituras

Cuando Jesús se sentó y habló con la mujer en el pozo, le explicó: "Dios es espíritu" (Juan 4:24), lo que implica que no podía ser visitado en un templo ni ser observado como una estatua. Él es vasto, omnipresente, majestuoso, radiante; como el viento, se mueve misteriosamente (véase Juan 3:8). Sin embargo, las Escrituras dan testimonio del hecho de que Dios puede darse a conocer; Él puede ser visto, aunque sea a través de un velo. Desde el Génesis hasta el Apocalipsis, el Señor Dios es conocido más a través de la contemplación de su gloria.

El resplandor de la gloria de Dios

La palabra hebrea traducida como "gloria" o "gloriosa" es *kabowd*, y significa honor o esplendor; "Algo digno de alabanza o exaltación; brillantez; belleza; renombre."[106] La gloria de Dios es la manifestación de su persona y presencia.

A lo largo del Antiguo Testamento, vemos imágenes visibles de la gloria de Dios. En Éxodo 3, Moisés se encuentra con el Señor en la zarza ardiente; una imagen de Dios como un fuego que todo lo consume (véase Ex. 24:17; Hebreos 12:29). Cuando los israelitas fueron sacados de Egipto, leemos que "el Señor iba delante de ellos en una columna de nube

---

[106] John MacArthur, *Worship: The Ultimate Priority* (Chicago: Moody, 2012), 166.

de día para guiarlos en el camino, y en una columna de fuego de noche para darles luz "(Éxodo 13:21). Para ellos, Dios estaba siempre presente; una nube de protección y fuego de luz. Sin embargo, cuando la gente se quejó contra el Señor en Éxodo 16, vieron como "la gloria del Señor apareció en la nube" (v. 10).

Pero incluso durante estos años difíciles, Dios deseaba habitar con su pueblo. Después de la construcción del tabernáculo, leemos: "Entonces la nube cubrió la tienda de reunión, y la gloria de Jehová llenó el tabernáculo" (Éxodo 40:34). A pesar del hecho de que Dios es espíritu, hizo que su gloria habitara en el ámbito terrenal. Y la gloria de Dios permanecería en el tabernáculo, y más tarde en el templo, para demostrar a su pueblo que él estaba con ellos. Y el día más triste en su historia temprana fue cuando el Arca de la Alianza fue robada, y la gloria de Dios se apartó de Israel (1 Sam. 4: 21-22).

Una muestra de la gloria de Dios

Moisés encuentra la gloria del Señor en el Monte Sinaí. Después de suplicarle a Dios que perdone los pecados de su pueblo, Moisés le pregunta a Dios: "Te lo ruego, muéstrame tu gloria". Hasta ese momento, él había hablado abiertamente con Dios, pero deseaba una conexión más cercana; más intimidad. Leemos:

Dijo más: No podrás ver mi rostro; porque no me verá hombre, y vivirá. Y dijo aún Jehová: He aquí un lugar junto a mí, y tú estarás sobre la peña; y cuando pase mi gloria, yo te pondré en una hendidura de la peña, y te cubriré con mi mano hasta que haya pasado. Después apartaré mi mano, y verás mis espaldas; mas no se verá mi rostro. (Éxodo 33:20-23).

Y así, en el próximo capítulo, leemos que el Señor descendió en la nube, y Moisés clamó a Dios.

Y pasando Jehová por delante de él, proclamó: !!Jehová! !!Jehová! fuerte, misericordioso y piadoso; tardo para la ira, y grande en misericordia y verdad; que guarda misericordia a millares, que perdona la iniquidad, la rebelión y el pecado, y que de ningún modo tendrá por inocente al malvado; que visita la iniquidad de los padres sobre los hijos y sobre los hijos de los hijos, hasta la tercera y cuarta generación. (Éxodo 34:6-7).

¿Cuál es la respuesta de Moisés al ver y escuchar a Dios? Él rápidamente se inclinó y adoró (v. 8).

Lo fascinante de este encuentro es la doble exhibición de la gloria de Dios. Primero, vemos la exhibición *visible* de su gloria: ¡el Señor pasa en un radiante destello de luz! De hecho, la gloria de Dios es tan brillante, que la cara de Moisés absorbe su brillo y debe cubrirse la cara con un velo para que la gente pueda mirarlo.

Sin embargo, hay una segunda característica del encuentro de Moisés con Dios. Cuando pasa junto a él, el Señor proclama Su propio *nombre* y declara Sus *atributos*. Él enfatiza, "El Señor, el Señor Dios"—Su nombre propio, "¡Yahvé! ¡Yahweh!" Y luego comienza a enumerar varios aspectos de Su carácter y naturaleza. Específicamente, Él nota Su compasión, bondad, paciencia, veracidad, perdón y justicia. Más que simplemente mostrarle a Moisés una exhibición visible, más brillante que diez mil soles, Él le ofrece un resumen de todo lo que Él es: la suma de Sus atributos divinos.

Además, el Señor muestra Su gloria a través de lo que ha hecho: la creación. "Los cielos cuentan la gloria de Dios; y el firmamento anuncia la obra de sus manos" (Salmos 19:1). La belleza y la majestuosidad de la creación, al igual que el resplandor radiante en la cara de Moisés, dan solo una pista del impresionante esplendor del Señor. Juan Calvino escribe: "no hay ninguna parte del mundo, por pequeña que sea, en la que no brille algo de la chispa de la gloria de Dios". Particularmente, no podemos contemplar esta hermosa obra maestra del mundo, en toda su longitud y amplitud, sin ser completamente deslumbrados, por así decirlo, por un torrente infinito de luz."[107]

Dando Gloria a Dios

Hasta ahora, solo hemos visto la gloria *intrínseca* de Dios: la gloria que le pertenece a él; el de su persona y su presencia. Sin embargo, existe en las Escrituras mandamiento de "dar gloria a Dios". Pero, ¿cómo le das algo a Dios? ¡Seguramente, no podrías agregar gloria a Su naturaleza!

El Salmo 29 nos ordena "Tributad a Jehová la gloria y el poder... la gloria debida a Su nombre" (véase 1 Crónicas 16:28, 29). Esta palabra traducida como "tributad" significa dar, proporcionar o representar. Sin embargo, el sentido no es que demos a Dios lo que él ya posee; más bien, que reconozcamos y aceptemos su gloria. Dios es celoso de su gloria (y con razón); Él proclama: "No daré mi gloria a otro" (Isaías 42:8). Dios desea que su creación reconozca a su Creador y lo adore por lo que es y por lo que ha hecho.

---

[107] John Calvin, *Institutes of the Christian Religion*, trans. Robert White (1541; reimpreso, Edinburgh: Banner of Truth Trust, 2014), 10.

La Gloria de Dios en Cristo Jesús

La manifestación máxima de la gloria de Dios vino al enviar a Su Hijo, el Señor Jesucristo. Porque sabemos que "él es la imagen del Dios invisible" (Col 1:15), "el resplandor de la gloria [de Dios] y la representación exacta de su naturaleza" (Hebreos 1:3). Fue como si la nube de gloria magnífica que pasó por Moisés fuera comprimida en el cuerpo de Jesús de Nazaret, en quien mora la plenitud de Dios (Col. 1:19; ver Juan 1:1-3, 16). Él nació en gloria (Lucas 2:9, 14), murió en gloria (Juan 13:31) y resucitó para vivir en gloria (Romanos 6:4).

Juan declara que en la encarnación de Cristo -su morada entre los seres humanos—"contemplamos su gloria, gloria como la del unigénito del Padre, lleno de gracia y de verdad" (Juan 1:14). ¿Cómo se manifestó Su gloria en la tierra? A través de Sus palabras y Sus obras. Su primer milagro en las bodas en Canaa sirvió para mostrar su gloria (Juan 2:1-11), seguido de cada milagro posterior. Pero él no vivió para glorificarse a sí mismo: "No busco mi propia gloria" (Juan 8:50); porque dijo: "Si yo me glorifico a mí mismo, mi gloria nada es; mi Padre es el que me glorifica" (v. 54). Al final, Cristo declaró que vino a glorificar al Padre en la tierra (Juan 17:4); para exhibir el poder, la sabiduría, la santidad y la majestad de nuestro gran Dios. Antes de su muerte, Jesús clamó: "Padre, glorifica Tu nombre", a lo que respondió desde el cielo: "Lo he glorificado y lo glorificaré otra vez" (Juan 12:28).

Quizás una de las expresiones más dinámicas de la gloria de Cristo viene de Mateo 17 en la Montaña de la Transfiguración. Jesús sube a Pedro, Santiago y Juan a la cima de la montaña, y se transfigura delante de ellos, "su rostro resplandecía como el sol, y sus vestiduras se pusieron blancas como la luz" (Mateo 17:2). Sin duda, un adelanto de su gloria futura (Apocalipsis 1:13-16), este vistazo terrenal muestra la majestuosa brillantez de Jesús Cristo como el Hijo de Dios, la Segunda Persona de la Trinidad en todo su poder y deidad. Él es el objeto de nuestra esperanza, mientras esperamos "la manifestación gloriosa de nuestro gran Dios y Salvador, Jesucristo" (Tito 2:13).

Más allá de contemplar la gloria intrínseca de Dios y de atribuirle toda la gloria, hay una parte que debe ejecutar la iglesia.

Por el honor de la gloria de Dios

Todo ser humano que haya existido alguna vez ha pecado contra Dios y ha sido destituido de su gloria (Romanos 3:23). Sin embargo, la redención de los creyentes a través de la sangre de Jesucristo no es para permanecer ociosos. No fuimos salvos solo para sentarnos. Por el contrario, tenemos un trabajo bendito que hacer; un papel para jugar en la historia de la redención. Una vez que somos salvados, justificados; somos llamados a ser santos, a conformarnos a la imagen del Hijo (Romanos 8:29), quien es llamado "el Señor de la gloria" (1 Corintios 2:8).

Escribiendo a la iglesia, el apóstol Pablo les recuerda las ramificaciones de su salvación: "Porque han sido comprados por precio", refiriéndose al trabajo de rescate de Cristo, "por eso glorifica a Dios en vuestros cuerpos" (1 Corintios 6:20). Más que simplemente reconocer y *atribuir* la gloria a Dios, estamos llamados a vivir de tal manera que lo honremos y a embellecer su justa reputación en la tierra. Jesús les dijo a los discípulos: "Así alumbre vuestra luz delante los hombres, para que vean vuestras buenas obras, y glorifiquen a vuestro Padre que está en los cielos" (Mateo 5:16). No solo estamos llamados a glorificar a Dios, ¡estamos llamados a dar motivos para que *otros* glorifiquen a Dios!

En el caso de nuestra salvación, nuestra elección, redención, sello, etc. Dios estaba haciendo todas las cosas "para alabanza de su gloria" (Efesios 1:6, 12, 14). Al vivir nuestras vidas, Pedro escribe, "en todo sea Dios glorificado por medio de Jesucristo, a quien pertenece la gloria y el imperio por los siglos de los siglos" (1 Pedro 4:11). Incluso en la persecución y el sufrimiento, no debemos sentirnos avergonzados, sino que "en el [nombre de Cristo] glorifiquemos a Dios" (v. 16). De hecho, la manera en la que Pedro moriría, Jesús dijo, glorificaría a Dios (Juan 21:19). En todos los aspectos de la vida: nuestros matrimonios y nuestra familia, nuestras profesiones y pasatiempos, en la prosperidad y el dolor, en la alegría y la tristeza; todo existe para la gloria de Dios. Pablo concluye: "Si, pues, coméis o bebéis o hacéis otra cosa, hacedlo todo para la gloria de Dios" (1 Corintios 10:31).

La Biblia es clara. Dios es un Dios de gloria. El Señor Jesucristo es la encarnación de su gloria. El Espíritu da poder a los creyentes para vivir con el objetivo de darle gloria. Además, sabemos que "todas las naciones que [Dios] ha hecho vendrán y adorarán delante de [él]... y glorificarán [su] nombre" (Salmo 86:9).

¿Cómo entendieron y obedecieron los Reformadores el mandato de glorificar a Dios?

La Gloria de Dios en la Reforma

Los Reformadores sabían que tenían que rendirse a Dios más que meramente por sus profesiones de fe. Sabían que su fe necesitaba brazos y piernas; para ir más allá de la teoría En obediencia a este mandato, buscaron reformar todas las áreas de la vida.

Como hemos visto, reformaron su *Doctrina*. Más que las cinco solas, hombres como Martín Lutero, Philip Melanchthon y Juan Calvino trabajaron incansablemente para estudiar las Escrituras y restablecer un cuerpo de enseñanza para el beneficio de los cristianos de todo el mundo.

Ellos reformaron *La Iglesia*. La cristiandad había estado cautiva de las cargas religiosas de la Iglesia Católica durante mil años, pero los Reformadores protestaron por las prácticas no bíblicas y los comportamientos impíos de los sacerdotes, y trataron de establecer los límites de una verdadera iglesia: aquellos que se habían convertido a través de fe salvadora en Jesucristo. Además, las reuniones de adoración se modificaron para reflejar mejor lo que se veía en el Nuevo Testamento.

Reformaron *el matrimonio y la familia*. Europa en la Edad Media mantuvo una visión baja del matrimonio, viendo a la institución más en términos de funcionalidad práctica, y menos como relación amorosa. Posteriormente, los niños fueron desvalorizados y ridiculizados. Gracias a su amor por Dios—amando lo que Él ama—los protestantes elevaron el matrimonio y valoraron a sus hijos.

Reformaron la *educación*. En un momento en que el aprendizaje estaba reservado solo para la élite, los protestantes trabajaron incansablemente para proporcionar educación de amplia calidad para personas de todas las edades y clases sociales. Una de las marcas del protestantismo en los primeros trescientos años de su existencia fue el esfuerzo agresivo por establecer instituciones de aprendizaje. Desde Wittenberg y Ginebra hasta Gran Bretaña y Nueva Inglaterra, la educación ha sido un sello distintivo de la Reforma.

Ellos reformaron *la sociedad*. No se dejó intacto ningún aspecto de la cultura: el trabajo y la vocación, las artes, el ocio, la economía, la industria, incluso la lucha por los derechos humanos; toda la sociedad estaba sujeta al esfuerzo Protestante. Borraron la división que existía entre lo sagrado y lo secular, insistiendo en que cada actividad podría realizarse para la gloria de Dios.

Finalmente, reformaron el *Gobierno*. Desde que el Papa León III coronó a Carlomagno como rey del Sacro Imperio Romano Germánico en el 800 DC, la Iglesia Católica se ha afirmado como la autoridad suprema en asuntos de religión y gobierno. Pero la Reforma Protestante desafió a esa autoridad, buscando no elevar a los gobernantes terrenales a un lugar más elevado de lo que ordena la Escritura. Al comentar sobre este ideal, el pastor de New England John Cotton dijo:

> Que todo el mundo aprenda a darles a los hombres mortales un poder no mayor de lo que están contentos de usar, porque lo

usarán... Es necesario, por lo tanto, que todo el poder que está en la tierra sea limitado.[108]

Mientras que los Reformadores y sus descendientes estaban felices de someterse a las autoridades de gobierno (Romanos 13:1-7, Tito 3:1-2), rechazaron la idea de que el gobierno tenía el derecho de tomar el lugar de Dios sobre la vida de gente.

Solo Para la Gloria de Dios

Sobre todo, la Reforma fue un esfuerzo por alejar a la religión de un esquema centrado en el hombre de auto-justificación y auto salvación, a la religión de las Escrituras, glorificadora de Dios, centrada en Cristo y facultada por el Espíritu. Juan Calvino sostuvo, "Nunca nos gloriamos verdaderamente en [Dios] hasta que hayamos descartado por completo nuestra propia gloria... Los elegidos son justificados por el Señor, para que puedan gloriarse en él, y en ningún otro."[109]

Pero los Reformadores se dieron cuenta de que esta batalla necesitaría ser luchada en cada generación. Tan pronto como comenzamos a descansar en nuestros laureles, la complacencia y el orgullo nos

---

[108]Citado en Terry L. Johnson, *The Case for Traditional Protestantism: The Solas of the Reformation* (Edinburgh: Banner of Truth Trust, 2004), 155.
[109] David Vandrunen, *God's Glory Alone: The Majestic Heart of Christian Faith and Life* (Grand Rapids: Zondervan, 2015), 13.

alcanzan, y nos encontramos pecaminosamente confiando nuevamente en nuestros propios esfuerzos. Es por eso que debemos comprometernos a *semper reformanda*, a estar "Reformandonos siempre".

Los Puritanos fueron los descendientes espirituales de los Reformadores en Inglaterra, y en la década de 1640, se reunieron y redactaron una declaración de su creencia y doctrina unificadas, conocida como la Confesión de Fe de Westminster. Al enseñar esta confesión a la iglesia, establecieron *catecismos*, una serie de preguntas y respuestas para ayudar a solidificar la doctrina bíblica en los corazones y las mentes de los creyentes. La pregunta 1 pregunta: "¿Cuál es el fin principal del hombre?" En el espíritu de *soli Deo gloria*, se da la respuesta: "El objetivo principal del hombre es glorificar a Dios y disfrutar de Él para siempre". Desde los puritanos hasta los Apóstoles, los cristianos han entendido y creído que glorificar a Dios siempre ha sido su tarea principal.

Sin embargo, si negamos *sola Scriptura*, efectivamente hacemos de nuestra propia sabiduría y experiencia la autoridad en toda la vida espiritual, y no a la Palabra revelada de Dios. Si negamos *sola Gratia*, elevamos nuestra propia voluntad por encima de la voluntad soberana de Dios. Si negamos *sola fide*, exaltamos nuestras obras de justicia propia, al tiempo que disminuimos la obra salvadora de Jesucristo. Si negamos el *solus Christus*, elevamos nuestra mirada a seres creados, y no a Cristo, como objeto de nuestra adoración. Una negación de la doctrina bíblica cristiana nos hace idólatras, y le roba a Dios la gloria debida a su nombre. Sin embargo, si vivimos y creemos de tal manera que glorifique al Señor, entonces toda nuestra vida cristiana existe en *soli Deo gloria*, solo para la gloria de Dios.

"Porque de él, y por él, y para él, son todas las cosas.

A él sea la gloria por los siglos. Amén."

~Romanos 11:36

"Venid ahora, y razonemos..."

~Isa 1:18, LBLA

Una Palabra Final

Permítame ser tan honesto como pueda: Mi oración ferviente es que cada persona reconozca su propia necesidad de salvación, se arrepienta y confiese su pecado a Dios, confíe en el Señor Jesucristo y encuentre vida en Su nombre. Las Escrituras nos dicen "Y en ningún otro hay salvación; porque no hay otro nombre bajo el cielo, dado a los hombres, en que podamos ser salvos" (Hechos 4:12). Jesús declaró: "Yo soy el camino, y la verdad, y la vida; nadie viene al Padre sino por mí "(Juan 14:6). Él es el único camino de salvación.

Sin embargo, hay muchos sistemas de fe que reclaman el nombre de Jesús, pero niegan lo que Él enseña; niegan el evangelio tal como se presenta en la Biblia. Uno de los mayores engaños presentados por Satanás es la propagación del *casi-* cristianismo, un cristianismo que se ve y suena como algo real, pero que es completamente antitético al cristianismo bíblico. Y aunque el Catolicismo Romano usa muchas de las mismas palabras, frases y escrituras, como hemos visto, finalmente no conduce a las personas en el camino de la salvación.

¡Tengo un profundo amor por los *católicos devotos*, que tienen un sincero deseo de conocer a Jesucristo! Sin embargo, ¿conocen ellos al verdadero Cristo? ¿el Cristo de la Biblia? La pregunta debe hacerse: ¿El dogma católico se alinea con las Escrituras o hay contradicciones? Recuerde, no había "Protestantes" en 1517; solo cristianos que se preocuparon lo suficiente por su fe para probar todas las cosas a la luz de la Palabra de Dios. Seamos como los nobles de Berea en Hechos 17:11 y examinemos todo a la luz de lo que Dios ha revelado en la Santa Biblia. Jesús dijo: "¡Consumado es!" La vida cristiana se vive en humilde obediencia y adoración al Señor por lo que Él ya ha logrado, y no en temor a que nosotros no hagamos lo suficiente.

Tengo esperanza para aquellos que son *"religiosos" pero no comprometidos.* Cuando el apóstol Pablo se paró frente a aquellos que estaban "buscando" a Dios, afirmó que muchos "busquen a Dios, si en alguna manera, palpando, puedan hallarle, aunque ciertamente no está lejos de cada uno de nosotros. Porque en él vivimos, y nos movemos, y somos" (Hechos 17:27-28). La gente suele ir a la iglesia o leer libros religiosos debido a algo muy profundo dentro de ellos que les dice que deberían hacerlo. Sin embargo, es Dios quien ha implantado un sentido innato de Él en el corazón (Romanos 1:19-21; 2:14-15). Pero Dios puede ser conocido a través de lo que Él nos ha revelado en la Biblia: que Jesús es

Dios en carne humana, el Salvador del mundo y la única esperanza de vida eterna.

¡Alabo a Dios por los *protestantes*! Aquellos que han aceptado la Biblia como la Palabra de Dios y la salvación por la gracia de Dios solo a través de la fe únicamente en Jesucristo. Pero no seamos como los Efesios que olvidaron su primer amor (Apocalipsis 2:4), o los Laodicenses que se permitieron convertirse en tibios por las cosas de Dios (Apocalipsis 3:15-16). Los creyentes siempre deben esforzarse por profundizar su amor y conocimiento de Dios, y nunca dejar que su luz se oscurezca (Mateo 5:15).

Al final, esto no se trata de los Cinco Solas, o incluso de la Reforma Protestante. Se trata de la gloria de Dios y el evangelio de Jesucristo. Es acerca de luchar y recuperar el cristianismo auténtico. Se trata de comunicar un evangelio salvador a todo el mundo: que Jesucristo vino y murió en la cruz para salvar a los pecadores.

"Además os declaro, hermanos, el evangelio que os he predicado, el cual también recibisteis, en el cual también perseveráis; por el cual asimismo, si retenéis la palabra que os he predicado, sois salvos, si no creísteis en vano. Porque primeramente os he enseñado lo que asimismo recibí: Que Cristo murió por nuestros pecados, conforme a las Escrituras; y que fue sepultado, y que resucitó al tercer día, conforme a las Escrituras" (1 Cor. 15:1-4).

¡Que la verdad del evangelio sea proclamada en todos los rincones del mundo, y el nombre de Jesucristo levantado al cielo más alto! ¡Que Él reciba todo honor, adoración y alabanza!

Soli Deo Gloria!

Made in the USA
Las Vegas, NV
22 June 2022